재테크 쇼크
2020

일러두기

이 책에서 국내 P2P금융사들에 관해 언급하는 내용은 모두 업체가 자사 홈페이지에 회원가입 여부와 관계 없이 공개하는 내용 및 저자의 개인적 투자경험에 근거한다.

4차산업혁명시대 직장인이 알아야 할 대체투자 기회와 위험

재테크 쇼크 2020

강정우 지음

매일경제신문사

완전히 새로운 재테크가 왔다

투자를 할 때나 사업 계획을 세울 때 알아두면 유용한 '72의 법칙'이 있다. 투자한 돈이 2배가 되는 데 연 수익률과 복리 효과까지 감안해 총 몇 년이 걸리는지를 구구단 셈법으로 알아보는 쉬운 방법이다. 이 법칙에 따르면 1억 원을 연 8%의 정기예금에 넣으면 2배가 되는 데 9년이 걸리고 6%면 어림잡아 12년이 걸린다.

은행 예금금리 1%시대다. 저성장, 저금리는 재산의 증식은 고사하고 물가상승률과 경쟁하며 개개인이 짊어져야 할 커다란 굴레가 되었다. 1%의 정기예금 금리로 1억 원을 넣어 72년이 지나야만 2억 원이 된다. 성격 급한 한국인들에게는 절망적인 이야기다.

한국도 일본이나 유럽의 몇몇 국가처럼 마이너스 금리 시대가 오지 말라는 법이 없다. 마이너스 금리가 되면 이론적으로는 은행에 돈을 맡기고 오히려 보관료를 지급해야 한다. 마이너스 금리라는 비상대책을 쓰는 날이 오지 않기를 바라지만, 은행 예금금리가 6% 이상으로 돌아가는 일은 기대하지 않는 게 좋다. 미국 등 경제 선진국들의 은행 예금금리 대부분이 3~5% 이하인 점을 보면 알 수 있다.

이제 저금리의 고착화는 기정사실로 받아들여야 한다. 고액자산가인지의 여부를 떠나 대한민국 모든 사람들에게 적극적인 재테크는 숙명과도 같다. 자신에게 허락된 재테크 수단의 선택지를 넓히기 위해 열심히 공부하고 한편으로 계산된 위험을 적극적으로 감내할 수밖에 없음을 뜻한다.

단순히 아끼고 남은 돈을 자동이체로 꼬박꼬박 집어넣는 것으로는 부족한 시대다. 투자에 있어서 위험은 숙명이다. 하다못해 은행의 예금자보호도 이자를 합쳐 5,000만 원 이하까지만 가능하고, 이 또한 물가상승률보다도 내 자산의 증식 속도가 뒤쳐질 위험으로부터 나를 보호해주지 못한다. 세상에 완벽히 보장된 투자 수익이라는 것은 없다고 봐야 한다.

이러한 상황에서 P2P금융, 비트코인, 로보어드바이저, 인터넷전문은행과 같은 핀테크fintech에 대한 관심이 뜨겁다. 이는 금융financial services과 기술tech의 결합을 통해 거래비용 절감 혹은 투자 이익 증가 등의 혜택을 가능하게 하는 새로운 사업 조류다. 먼 나라 먼 미래 이야기가 아니다. 바로 우리 눈앞에서 재테크 지형이 심하게 흔들리고 있는 것이다. 재테크에 관심이 있는 일반 개인들의 선택지가 넓어지는 것은 매우 바람직한 일이다.

예·적금, 주식, 채권과 같은 전통적인 재테크 수단은 나름의 한계를 가지고 있다. 예·적금은 은행이 중간에서 강한 완충작용을 해주는 덕에 적어도 5,000만 원 이하에서는 확정적인 수익을 약속해 주었지만 위험 회피적일 수밖에 없는 은행의 성격상 물가상승률을 뛰어넘는 수익률 보장은 어렵다.

주식은 어떠한가? 개별 자산이 갖는 높은 가치 변동성 때문에 항상 정보 취득 순서에서 가장 뒤에 있는 개인투자자들은 상투를 잡는 일이 빈번하다. 그도 그럴 것이 내가 산 주식의 가격이 오르려면 내가 산 이후에 많은 사람들이 주식을 사야 하지만, 개인투자자는 대부분 비슷한 수준의 정보를 가지고 있어 평범한 사람들보다 앞선 정보를 얻기 쉽지 않다.

2007년 여름, 맥킨지(다국적 컨설팅전문회사) 재직 시절 모 증권사의 베테랑 지점장들을 만날 기회가 있었다. 2007년 여름은 한국의 코스피 시장이 주가지수 2,000선을 최초로 돌파하고 주식 거래가 급증하면서 금융권에서 주식과 관련되는 일을 하는 사람들이 두둑한 보너스를 챙기고 있었던 시절이다. 필자는 호기심에 "지금 주식을 사도 되나요?"라고 장난어린 질문을 했고 돌아온 대답은 "한 반나절만 증권사 객장에 나가서 관찰해보면 답이 나온다"는 것이었다. 긴장되고 상기된 표정의 고객이 자리에 앉으면서 "제가 주식 투자가 처음인데 ○○ 실업 1,000만 원어치 주세요!"라고 외치는 모습이 많이 보이면 갖고 있던 주식을 팔아야 할 시점이라는 것이다. 이런 사람들보다도 뒤처져서 주식을 사는 사람들은 더 이상 없을 것이라는 이야기다.

매년 초에 신문지면을 가득 메우는 '상저하고(상반기에는 주식시장이 낮은 상승률을 보이지만 하반기에는 박스권을 돌파해 대세 상승장이 되는 것)'와 같은 상투적 어구의 전문가 조언은 이제 식상하기를 넘어서 화가 난다. 일반 개인들을 위해 만들어진 펀드 투자 방식은 개별 주식 대비 변동성이 낮고 장기적인 투자 문화를 정착시키는 데 기여한 것으로 평가된다. 하지만 해당 펀드를 만들고 유통하는 과정에서 발생하는 보수 비용의 규모와 지급 기준 그리고 정체되어 있는 수익률을 보면 가끔 '개인투자자와 전문가 집단 사이의 이해관계가 제대로 일치된 것인가?' 하는 의문을 갖게 되는 것이 사실이다.

매달 우편으로 받는 펀드 자산운용 보고서의 맨 뒷장에는 책임 펀드매니저의 이름, 나이, 학력 등 자세한 신상 외에도 너무나 중요한 정보가 하나 숨어 있다. 이 펀드매니저가 현재 운용하고 있는 펀드의 숫자다. 적어도 필자가 가입한 펀드의 운용 보고서에서는 25개 이하를 본 적이 거의 없다. 물론 팀을 짜서 일하겠지만, 휴일을 빼면 한 달에 하루조차 나의 펀드를 제대로 들여다보고 고민하지 못하는 구조라는 것이다. 개개인의 잘못을 따지는 것이 아니라 이렇게까지 많은 펀드를 개발해 운용하고 있지 않으면 자산운용사가 수익을 내지 못하는 구조를 지적하고 있는 것이다.

또한 수익률을 관리해주는 은행과 증권사의 자산관리 서비스는 미국과 달리 자문 수수료 문화가 정착되지 못해 보수가 높은 펀드를 홍보·판매하는 창구로 전락한 것이 사실이다. 결국 자산 포트폴리오 관리를 이들에게 기대하기는 어렵다는 인식이 커지고 있다.

개별 금융소비자에게 합리적 대안, 적어도 다른 선택지라도 손에 쥘 방법은 없는 걸까? 얼마 전 금융업계에 작은 화젯거리가 있었다. 바로 P2P금융사들이 자체적으로 만든 협회기관인 P2P금융협회 직원 1명을 뽑는 데 기존 금융권 인력 100명이 모여들었다는 이야기였다. 은행, 카드사 할 것 없이 여신대출 및 부동산 업무 경험이 있는 업계 사람들이 P2P의 장래 가능성을 긍정적으로 본다는 것은 눈여겨볼 만한 사실이다. 또한 최근 은행의 지점 폐쇄 여파로 인해, 빨리 핀테크 부서로 자리를 옮겨 변화하는 투자지형에 적응하고 자신의 커리어를 쌓아가려는 은행 내 모습도 뚜렷하다고 한다. 또 한 가지 관심을 가져야 할 것은 현재 P2P금융기관들에 투자(여기서는 '출자'를 의미함. 해당 P2P업체의 지분을 보유)하는 업체들에는 전통적으로 신생기업에 돈을 대는 벤처캐피탈 외에도 기존의 시중 은행, 카드사 등 기관투자자들이 다수 있다는 것이다. 그저 '지나가는 유행' 정도로 보고 외면하기에는 불안했던 것이다.

개인투자자의 눈높이는 높아졌다. 저비용·고수익으로 자기 주도적인 투자를 할 수 있음과 동시에 투자의 종류 또한 다양해지기를 바라는 기대가 커지고 있다. 마땅히 이를 충족하려는 서비스나 사업자가 등장하는 건 시장경제의 필연적 논리다. P2P금융과 비트코인, 로보어드바이저, 인터넷전문은행 이 네 가지는 디지털 기술의 발전을 기반으로 개인투자자에게 새로운 대체투자 수단이 되고 있다. 이제 우리가 해야 할 일은 적극적으로 이를 이해하고 활용하며 은행예·적금 이상의 수익 포트폴리오를 운영하는 일이다. 아울러 해당 사업의 향배에 관한 필자 나름의 견해도 포함하였으니 이 책이 여러분의 즐거운 디지털 재테크 여정에 큰 보탬이 되길 바란다.

차 례

PART

01

완전히 새로운 재테크 기회가 온다 - P2P대출 투자

PART

02

P2P투자자 이것만은 반드시 명심해야 한다! - 수익이 있는 곳에 위험이 있다

PART

03

알고 투자할 때 더 재미있다! 高위험 투자 - 블록체인과 가상화폐

PART

04

눈앞에 다가온 미래 - 로보어드바이저와 인터넷전문은행

PART

01

완전히 새로운 재테크 기회가 온다
- P2P대출 투자

P2P투자는 무엇이고, 왜 다른가

P2P금융은 개인이나 창업자, 소규모 기업이 기존의 은행과 같은 전통적인 금융중개기관을 거치지 않고 직접 개인을 통해 자금을 구하는 것을 말한다. 여기에 자금을 대는 개인은 통상 위험이 일정 수준 동반된 세전 7~15% 안팎의 투자 수익을 기대하게 된다.

현재 P2P금융이라는 범주에는 크게 세 가지 투자수단이 존재한다. 첫째는 사람들에게 가장 많이 알려져 있는 P2P대출상품에 투자하는 것이다. 이는 돈을 빌리려는 사람과 돈을 빌려줄 사람을 직접 연결시켜주는 형태다. 기존에 주로 저축은행이나 카드론에 의존하던 대출자에게는 빠른 대출 심사와 상대적으로 낮은 금리를 제공하고, 일반 투자자에게는 은행 예금보다 위험과 수익이 모두 큰 투자수단을 제공한다.

둘째는 지분형 크라우드펀딩이다. 창업 후 초기 자금이 필요한 기업이 온라인 플랫폼상에서 회사를 소개하고, 일반 투자자들이 투자금을 납입하면 주식을 발행해주는 것이다. 당연히 비상장주식이기 때문에 2차 유통이 어렵다. 따라서 고위험·고수익을 추구하는 투자자에게 적합하다. 투자자가 자금을 회수하거나 수익을 실현하는 방법은 투자한 회사가 이익을 내어 배당을 지급하거나(창업 초기 회사에는 거의 기대하기 어려움), 해당 회사가 더 비싼 가치로 다른 투자자에게 통째로 매각되거나, 코넥스, 코스닥 혹은 코스피에 상장되는 것이다. 현실적으로 지금까지 한국의 사례를 보면 다른 투자자에게 비싼 값으로 매각되는 것이 가장 유효한 투자금 회수 전략으로 평가받는다.

셋째는 리워드형 크라우드펀딩이 있다. 이는 스타트업이 제품 생산 전에 미리 소비자를 확보할 수 있다는 점에서 리스크를 줄일 수 있는 좋은 방법이다. 리워드 펀딩이 된 수량만큼 제품이 생산 및 판매되어 효율적이며 제품 인기를 측정해볼 수도 있다. 소비자 입장에서는 투자가치는 없는 대신 혁신적이고 시험적인 제품이나 서비스를 남들보다 앞서 사용해볼 수 있다는 장점이 있다.

이 책에서는 대중적인 투자수단으로 자리잡고 이제 막 첫걸음을 뗀 P2P대출상품 투자에 관해 집중적으로 알아보고자 한다.

P2P대출을 통해 돈을 빌리려는 사람은 은행권보다 쉽게 대출할 수 있으며, 돈을 빌려준 사람은 은행 예금금리 이상의 높은 이자수익을 고정적으로 얻는다. 높은 이자수익을 가능하게 하는 요인은 무엇

일까?

첫째, P2P대출상품은 본질적으로 일반 은행의 대출건에 비해 높은 위험을 내포하고 있다. 둘째, P2P금융 중개기관은 대개 온라인 플랫폼에 기반을 두어 오프라인 중심의 전통적 은행 대비 처리 비용이 낮다. 그러나 결코 P2P금융 중개기관의 자금조달 비용은 저렴하지 않다. 은행의 경우 매우 낮은 비용으로 자금을 모을 수 있는 '예금'이라는 훌륭한 조달수단이 있다. 카드사나 저축은행 캐피탈사도 예금 혹은 카드채, 저축은행채 등을 발행해 아무리 높아도 5~7% 정도 비용으로 자금을 조달한다. 그러나 P2P금융 중개기관이 조달하는 자금의 이율, 즉 일반 투자자들에게 수익률로 돌아오는 금리는 보통 8%대를 넘는다.

아울러 수익이 '고정적'이라는 것은 본질적으로 주식가격과 거의 상관관계가 없고 대출요건이 고정금리이기 때문에 부실과 연체 요인을 제외하면 확정적 금리를 기대할 수 있다는 뜻이다.

그러나 한편으로 개별 대출자의 부실이 발생할 경우 개인투자자의 원금 손실은 불가피하다는 점이 은행의 예·적금과의 결정적 차이다. 은행은 예금자, 즉 투자자들의 돈을 모아서 다른 사람 및 기업에 돈을 빌려준 뒤 확정적이지만 낮은 금리로 투자자들에게 이익을 돌려준다. 일부 돈을 빌린 사람들이 부실이나 연체를 겪게 되어도 은행 내 예비비 성격의 자금을 이용해 투자자에게 약속한 시점에 돈을 돌려줄 수 있다.

한편 P2P대출에 투자한 돈은 예금보험공사가 제공하는 예금자 보호의 대상이 아니다. 이론적으로는 100% 원금 손실의 가능성이 열려 있다. 그러나 적절한 분산 투자와 위험 제어 장치를 활용할 경우, 대규모 경제 위기 또는 특정 업체의 부패나 범죄행위가 아니고서는 P2P투자에서 어느 한 명의 대출자가 부도를 낸다고 해도 웬만해선 큰 폭의 원금 손실은 발생하기 어렵기에 건전한 수준의 수익을 누릴 수 있을 것이다. 이 책에서 제공하는 팁을 잘 따르면 말이다.

창고 없이 운영하는 내 손안의 전당포

동산 담보대출

우리는 부동산이란 개념에는 매우 익숙하지만 '동산'은 그렇지 않다. 부동산은 토지, 빌딩, 주택과 같이 말 그대로 움직이지 않는 것이지만 동산은 소유자의 사용, 처분에 따라 위치가 바뀐다. 휴대폰부터 컴퓨터, 가방, 도로 위를 움직이는 자동차, 보석에 이르기까지 고정된 위치에 있지 않으면서 상품성이 있는 모든 것이 동산이다. 이론적으로 이 모든 것들을 담보로 돈을 빌리고 또 빌려주는 것이 가능하다.

그렇지만 대체로 동산 담보대출은 부동산에 비해 손이 더 많이 가고 안정적이지 못하다는 인식이 있다. 실제로 부동산은 눈앞에서 쉽게 사라질 염려가 없으며 물건이 고정되어 있어서 자연재해가 아니고서는 물리적 가치가 손상될 염려가 거의 없다.

나라에서는 재산세를 징수하기 위해 매년 토지에 공시지가를 매긴다. 건물에 대해서는 국토교통부 실거래가 사이트나 앱을 이용하면 실제 거래가격까지 공개되니 본원적인 가치평가(사려는 사람이 누구냐에 관계없이 평가받을 수 있는 그 물건이 가진 내재적 가치)에 잠재적인 매수자가 생각하는 미래가치를 조금 더 얹어 담보가치를 산정하면 매우 간단하다. 물론 물건의 가치를 감정하는 것은 감정평가라는 매우 고도의 전문성을 요구하는 기술이 필요하지만 상대적으로 산정하는 방식이 투명하고 체계화되어 있다.

동산 담보가치의 평가와 대출은 조금 더 까다롭고 비정형화되어 있는 영역이다. 예를 들어 커피 생두와 견과류 재고를 담보로 한 대출상품을 살펴보자. 참고로 이 책에서 국내 P2P금융사들에 관해 언급하는 내용은 모두 업체가 자사 홈페이지에 회원가입 여부와 관계없이 공개하는 내용 및 저자의 개인적 투자경험에 근거한다. 다양한 종류의 P2P투자상품을 가진 업체들의 목록은 113페이지에 일괄로 정리하였으니 참조하기 바란다.

다시 사례로 돌아가, 돈을 빌리려는 업체는 해외에서 식품을 들여와 여러 유통 채널에 판매해 수익을 거두는 식품무역업체였다. 이 업체는 새로운 식품을 구입할 자금이 일시적으로 부족해서(보통 판매 수익금이 충분하면 이 자금으로 식품을 수입하겠지만, 판매가 여의치 않은 경우 재고제품을 담보로 신규 상품을 수입해 옴) 기존에 수입해 창고에 보관하고 있던 재고물을 담보로 제공하고 대출을 받았다. 담보대출을 위해서 P2P금융 중개업체는 우선 담보물의 가치를 정확히 평가해야 한다. 이는 전적으로 담보로 제공하는 물건의 '상품성'과 이것이 반영된 '도매가격'에 달려 있다. 만에 하나 돈을 빌린 업체가 이자와 원금을 상환하지 못하게 되면 당장 물건을 인수해서 내다 팔아야만 한다. 그러니 과연 이 물건을 내다 팔면 누가 사줄 것이며 얼마에 팔 수 있는지를 감정하고 가능하면 잠재적인 매수자로부터 확언을 얻어내는 등의 사전 준비가 철저히 필요하다. 부동산이야 경매라는 공식적인 절차가 있어서 2차 유통 시장이 있지만 동산 담보는 그 수가 제각각이어서 어찌 보면 P2P 중개업체가 스스로 시장 창조자 역할을 해야 한다. 이와 같은 동산 담보대출은 투자자 입장에서 눈여겨볼 몇 가지 특징이 있다.

우선 자금의 성격이 2~6개월 미만의 꽤나 단기적인 경우가 많다. 사례의 식품무역업체는 일단 물건을 수입하고 이를 즉각적으로 판매한 대금 혹은 창고 내 이미 보유하고 있는 다른 상품의 판매 수익이 들어오는 대로 돈을 갚는다. 부동산 건축 자금과는 달리 유통업은 자금의 순환 주기가 매우 짧다. 투자 수익률은 다양하지만 단기 자금이라는 점에서 15%대 이상으로 설정되는 경우가 많다. 투자자에게 가는 수익률이 연 기준 15%라면 월 기준으로는 대략 1.3% 정도가 된다. 반대로 돈을 빌리는 사람 입장에선 연 19~20%, 월 1.7% 정도인데 굉장히 높아 보이지만 실제로 중소사업자가 2~3개월 정도의 단기 운영자금을 사채시장에서 융통하려면 월 2~3%, 연 24~36% 정도의 고금리를 감수하는 경우가 많다. 이를 감안할 때 담보를 제공해 갖게 되는 금융비용 절감의 폭은 매우 큰 것이다.

일반 시중은행에서는 이러한 담보를 조건으로 돈을 빌리는 것 자체가 어렵다. 이것이 가능하려면 은행 내에 유통업을 꿰뚫고 때로는 현장을 발로 뛰는 전문가들이 있어야 하나, 은행은 다량의 주택담보대출도 있고 신용 우수자를 대상으로 하는 개인신용대출도 있으니 굳이 이러한 비용과 위험을 감수할 필요가 없는 것이다.

투자자 입장에서는 이 회사가 수입해서 팔고 있는 식품들 혹은 수입하려는 식품이 익숙한 유통채널에서 쉽게 볼 수 있는 제품인지 살펴보는 것도 좋다. 제품을 쉽게 볼 수 있다는 것은 그만큼 판매 잠재력이 검증되어 있다는 말이기에 투자자가 돈을 빌려준 기간 동안 사업의 유지 가능성이 크다. 하지만 그렇다고 너무 유행에 민감한 제품을 취급하는 업체는 상대적으로 위험하다. 대표적으로 의류가 그러한데, 상대적으로 안정적인 브랜드 상품을 취급하고 있는지도 확인하는 것이 좋다.

또 확인해야 할 것은 'P2P업체가 확실히 해당 담보물의 소유와 처분권한을 설정하고 있는가'이다. 이와 같은 장치를 보다 확실히 하려면 고정시설에 대한 투자가 일부 필요하다. 직접 소유하든 아니면 임대를 하든 창고를 가지고 해당 담보물을 업체의 창고에 입고하여 꼼짝 못하도록 해야 한다. 이러한 상황을 고려하면 사업을 하기 위한 부대비용이 다른 분야 P2P업체에 비해 꽤 든다.

무엇보다 해당 P2P업체의 인력 구성이 매우 중요하다. 동산담보의 가치평가와 2차 시장 형성은 단순히 데이터 분석력이 뛰어난 인력들을 보유했다고 해서 할 수 있는 일이 아니다. 소비자의 눈에는 보이지 않는 도매 유통의 채널 구조와 주요 업체들을 훤히 꿰뚫고 있어야 한다. 또한 오랜 업력을 기반으로 시간이 흐를수록 각 담보가치의 변동폭이 어느 정도 되는가에 대한 감感을 잡을 줄 알아야 한다.

매우 확정적인 매입계약이 있는 경우에야 괜찮겠지만 돈을 빌린 사람의 여건이 안 좋아 실제로 P2P업체가 담보물을 처리할 때 어느 정도의 시간이 걸릴지는 섣불리 예측할 수 없고, 이 시간이 길어졌을 때 담보의 가치가 빠르게 하락한다면 이는 분명 낭패이기 때문이다.

여름에 잘 팔릴만한 상품들을 담보로 잡았지만 담보 처분에 시간이 걸려 벌써 늦가을로 접어들고 있다면 울며 겨자 먹기로 싼값에 처분할 수밖에 없고 투자자의 원금 손실이 발생할 수 있다. 경험 많은 인력들로 구성된 P2P업체라면 이러한 위험도 어느 정도 감안해 담보가치를 평가할 것이다. 지나치게 담보가치를 관대하게 보면 대출 가능한 금액이 늘어나 돈을 빌리는 사람이나 P2P업체에 이익이지만 (총 모집금액의 일정비율 수수료 및 예대마진을 가져가는 수익구조) 결국 부도 시 원금 회수 가능성은 떨어지게 된다. 눈앞의 이익과 향후 투자자 보호, 궁극적으로 P2P업체 자체의 평판 사이에서 균형을 잡을 수 있는 능력은 오랜 경험과 올바른 사업관이 아닌가 생각한다.

특히 동산담보에 있어서 보수적인 대출금액 설정은 꼭 필요한 관행이다. 실제로 업력이 긴 동산 담보대출 업체들은 담보 한 건에서 많은 양의 대출을 끌어내기보다는 다수의 대출자에게서 총 담보가치의 30~40% 정도 대출만을 시행해 부도 시 원금 상환 가능성을 키우는 방식으로 운영하고 있다. 이는 동산담보의 가치라는 것이 실제 시간이 흐르고 난 뒤 하방압력이 강하기 때문에 애초부터 담보를 보수적으로 평가하는 것 외에도 대출금액 또한 총 담보가치 대비 비교적 낮은 비율로 설정하는 것이다. 우리가 흔히 부동산 담보대출에서 은행이 적용하는 LTVLoan to Value(담보의 총 가치 중 얼마만큼만 대출해줄 것인가를 나타내는 지표) 50~70% 관행과 비교해보면, 얼마나 보수적인지 쉽게 이해가 간다.

동산 담보대출을 비롯해 소규모 기업과 사업자들의 운영자금 대출을 전문으로 하는 한 P2P업체의 사례를 보자. 이 업체는 우리나라에서 최초로 P2P금융업을 시작한 창업자이자 CEO가 회사를 이끌

P2P 동산 담보대출 개념도

고 있다. 유통부문에 업력이 긴 경험자들이 많이 있으며, 최근까지도 다른 개인신용 및 법인신용대출에 비해 법인 동산 담보대출 상품은 연체율과 부도율 실적에서 높은 안정성을 나타내고 있다. 동산담보로는 의류, 구두, 신발, 잡화, 화장품 등이 있으며, 이들 담보물을 처분할 때는 유통채널의 폭이 넓어 시장 형성이 유리한 부분에 집중한다. 담보 대출상품의 세전 수익률은 연 기준 10~17%대다.

이 회사의 최근 실적에서 주목할 점은 법인 동산 담보대출은 최근까지 부실(90일 이상의 연체)은 없으나 연체, 즉 30일 이상 이자나 원금 상환이 되지 않은 대출건이 나타나고 있다는 것이다. 대출의 규모가 늘어나면서 일정 부분 연체와 부실이 나타나는 것은 매우 자연스러운 현상이라고 봐야 한다. 내가 투자하는 건이라고 연체와 부실은 절대 없을 것이라는 어설픈 기대는 허황되다 못해 매우 무책임한 태도다. 관건은 P2P업체가 사전에 이러한 연체와 부도가 일어날 때를 대비해 행동계획을 확실히 준비했는가이다. 최대한 빨리, 미리 예측한 담보가치에 근접한 가격으로 담보 물건을 처분해 투자자에게 애초에 기대한 수익을 최대한 맞춰줄 수 있는지가 중요하다. 관련하여 업체가 공시한 내용을 잠시 살펴보자.

"2개월간의 자사 지표를 비교해 볼 때 가장 크게 변화된 항목은 연체율의 증가(0.07% → 3.34%)입니다. 연체율이 증가한 사유는 5월 31일 기준 30일 이상 연체가 된 기업투자건이 증가하였기 때문인데요, 해당 기업투자건은 다음과 같습니다.

4건의 기업투자건 모두 동산담보 기업투자건으로 약정된 원금 상환일로부터 30일 이상 연체가 진행 중이며 현재 자사가 권리를 양도받아 직접 매각 작업을 진행 중에 있습니다.

(중략)

아시다시피 자사의 동산담보 기업투자는 사전에 담보물에 대한 가격을 조사하여 부실이 발생할 경우 담보를 매각하여 원금과 이자를 회수할 수 있도록 대출한도를 책정하여 투자를 모집하게 됩니다. 다만 부실이 발생하여 담보물을 매각하는 경우 담보 물건의 규모와 매도자와 매수자 간의 입창 차이로 인해 최종 매각까지는 다소 시간이 소요되는 상황입니다.

지금까지 자사의 동산담보 기업투자는 담보 매각으로 인해 최종 상환까지 다소 시간이 소요되었으나 단 한 건의 부실도 발생하지 않았고 모두 연체이자를 포함해서 예상 기대 수익률보다 높은 투자수익을 얻을 수 있었습니다(참고로 9개월 만기 상환 조건을 고려할 때 모두 투자일로부터 1년 이내에 원금과 이자를 회수하게 됨).

일시적으로 담보 매각건이 다수 발생하여 연체율이 상승하였으나 현재 모든 연체건들에 대한 매각 작업이 진행 중에 있기에 6월 중에 원금과 이자를 모두 회수할 수 있을 것으로 예상하고 있습니다."

내용을 보면 동산 담보대출 시에 업체가 하게 되는 행위를 이해할 수 있다. 만약 연체가 시작되면 업체는 사전에 설정된 담보권을 행사해 매각작업에 착수한다. 즉 사전에 파악된 잠재적 매수자들을 접촉하며 인수 규모와 가격에 대한 협상에 들어가게 되는 것이다.

비즈니스 협상이 늘 그러하듯, 협상 당시 처한 상황에 따라 잠재적 매수자의 인수 희망 규모와 가격은 가변적이기 때문에 오랜 업력을 기반으로 한 협상력과 애초의 보수적인 담보가치 산정이 중요하다.

또 다른 P2P업체는 이번 장의 소제목으로 붙인 '전당포'의 개념과 매우 흡사하다. 바로 취급 물품 때문이다. 기존의 전당포와 유사하게 명품 가방이나 카메라, 귀금속 등을 담보로 P2P대출을 중개한다. 이 회사가 제공하는 특이한 서비스 중 하나는 바로 '동산시세조회 서비스'다. 내가 가지고 있는 중고 물건을 융통해 만약 돈을 빌리려고 할 때 현재 시장에서 중고 판매가는 어떠하며 담보의 명목으로 처분된다면 얼마의 가치로 평가받을 수 있는지를 알 수 있다. 보석, 시계, 장신구, 골프채, 태블릿 PC 등 중고 판매 가치가 있는 개인 소유물의 가격을 조회할 수 있다. 확실히 이 업체는 바로 앞서 소개한 업체와 달리 B2C(다른 기업체가 아닌 고객을 직접 상대하는 형태) 성격의 생활형 전당포라고 할 수 있다.

이로 인한 또 다른 특징은 개별 투자의 규모가 그리 크지 않다는 점이다. 단위당 총 투자 금액은 200만 원을 넘는 경우가 그리 많지 않다. 공장의 기계 장치를 담보로 한 펀딩도 시행하나 총 펀딩 금액이 1,000만 원을 넘는 경우 역시 많지 않다.

투자자 입장에서 장점은 담보 물건이 본인에게 익숙한 물품이기에 P2P업체가 제품의 진위에 대한 정확한 감정능력을 담보한다면 아주 소액으로 안정성이 높은 물건에 투자할 수 있다는 것이다. 안정성이 높다는 방증은 이 업체가 제시하는 투자이율이 대부분 8~10%대로 일반 P2P업체의 이율보다는 낮다는 점에서도 알 수 있다. 물건 개별 담보가치의 절대규모가 작고 돈을 융통하는 사람들이 대부분

생활자금을 마련하려는 개인이다 보니 돈을 빌려서 하려는 활동의 기대수익이 거의 없거나 기업의 사업자금 융통을 위한 대출에 비해 현저히 낮다.

업체의 포트폴리오 구성 능력에 달려있긴 하나 1,500만 원 이상의 대출규모가 나오는 동산 '포트폴리오' 채권 투자도 가능하다. 예를 들면 다소 성격이 다른 물건(잔존가치와 채권기간이 다른 보석과 전자제품)을 묶어 위험은 분산하고 대출상품의 규모는 키우는 방식이다.

투자자의
체크
포인트

동산 담보대출시 이것만은 꼭 확인해보자

첫째, 동산 담보는 보통사람들에게 익숙하지 않은 영역이다. 그러니 투자하기 전에 작은 궁금증이라도 있다면 업체에 적극적으로 물어보는 태도가 정말 중요하다. 예를 들면 다음과 같은 질문이다. "이런 물건이 보통 어디서 팔리나요? 이마트 같은 데 가면 있는 건가요?" "전자제품이면 신제품 출시 후 금세 값이 떨어질 것 같은데, 만약 부도가 나서 처분한다면 미리 매입을 약정한 구매자가 있나요?" "계약서가 혹시 상품 화면에 공시되어 있나요?" 등이다. 사실, 투자자가 업체를 대신해서 안전장치를 직접 마련할 수는 없다. 결국 업체를 신뢰하는 수밖에 없지만, 신뢰할 수 있는 업체와 물건인지에 대해서는 스스로 판단해야만 한다.

둘째, 동산 담보는 개인신용대출과 달리 연체가 누적되어 부도로까지 연결될 가능성이 작다. 연체가 났을 때 개인신용대출은 추심(받지 못한 돈을 받으려고 하는 행위)활동의 일환으로 당사자에게 자주 전화해 미상환 시 신용등급 악화에 대한 경고나 연대보증인에게 지속적으로 연락을 취하는 것 외에는 사실 방법이 없다. 그러나 동산 담보대출은 연체가 되기 시작하면 곧바로 매수자를 찾는 활동에 들어가게 되고 확실히 돈 나올 구석은 있기 때문에 상대적으로 문제를 해결하기 쉽다. 보수적으로 가치를 산정한 이상 담보를 매각하는 과정만 진행된다면 시간이 좀 걸려도 90일 이내에 문제가 해결될 가능성이 크기 때문이다. 그러나 특정 업종이 3개월 혹은 길게는 1~2년에 걸쳐 불황에 빠지는 경우가 있다. 결국, 담보로 처분되길 기다리는 물건이 많으면 값어치는 떨어지고 나중엔 공급초과로 매각이 지연될 수 있다. 따라서 동산 담보대출 역시 투자자가 평소에 실물경제에 대한 감을 놓치지 않고 있어야만 안전한 투자를 할 수 있다.

셋째, 국내에서 은행이든 P2P업체든 기존의 동네 전당포를 제외하고는 공식적인 동산 담보대출 사업의 업력이 타 대출업보다 짧은 것이 사실이다. 따라서 업계에 전문 인력이 많지 않다. 되도록 노련한 경험자들이 많고 데이터베이스가 확실해 심사의 안목과 효율이 뛰어난 업체를 선별해 투자하는 것이 필요하다.

온 국민의 재테크 로망

부동산 간접투자의 길을 열다

두말할 나위 없이 부동산 투자는 대한민국 부자들에게 최고의 재산증식 수단이었다. 단돈 80만 원으로 시작해 100채 이상의 자산을 보유한 경매여왕의 이야기에서부터 연예인 땅 부자, 강남 빌딩 부자 이야기 등의 책을 읽다 보면 당장 시작하고 싶지만 막상 실천은 어렵다. 필자의 경우도 서점에 부동산 투자 관련 신간이 나올 때마다 꼬박꼬박 책을 사다 모아 이제는 벽면의 책장 하나를 가득 채웠지만 직접 투자를 실행해 본 가짓수는 그에 한참 못 미친다.

이유를 살펴보면 다음과 같다. 첫째, 큰 단위의 돈이 들어가고 돈이 묶이게 된다. 기본적으로 종잣돈 없이는 부동산 투자의 맛을 보기가 매우 어렵다. 지난 수년간 부동산 대세상승장에서 큰 인기를 누린 투자 방식으로 갭투자가 있다. 갭투자는 매매가 대비 전세가의 비율이 높아 소액으로 전세를 끼고 집을 산 뒤에 매매가 상승 시 매도해 차익을 내는 투자 방식이다. 갭투자 역시 최소 2,000만~3,000만 원은 있어야 가격 상승을 노릴 만한 연립주택이나 아파트에 투자할 수 있다. 아울러 자금이 최소 2~3년은 묶이니 말 그대로 베팅을 해야 한다.

이제 막 금융시장에 부동산 펀드나 리츠와 같은 공모형 투자상품이 들어오기 시작했지만 널리 활용되지는 못하고 있다. 일반 주식 펀드와 같이 10만 원 단위로 소액을 불입하면서 개발이익이나 수익형 부동산에서 나오는 현금흐름을 배당받을 수는 있으나 아직 그 종류가 다양하지 못하다. 리츠의 경우 전문가들이 안정성이 우수한 수익형 부동산 자산을 대상으로 만들지만 보통 대형 빌딩 1개에서 나오는 현금흐름에 의존하다 보니 다양한 종류의 부동산 자산에 대한 분산투자 효과는 적다고 봐야 할 것이다.

둘째, 일반인들이 안심하고 투자에 나서기에는 우리나라 부동산 실물 거래 관행이 매우 불투명하다. 가끔 연속극에 부동산 사기가 심심치 않게 등장하는데 소유주도 아닌 엉뚱한 사람과 계약을 하고 돈을 보내거나, 중복 계약이 된 이야기 등이다. 이것이 결코 나와는 관계없는 일이라 생각한다면 오산이다. 보통 이런 경우 단순히 채무불이행이라는 민사적 사건이 아니라, 본인이 계약을 이행할 의지나 능력도 없으면서 의도적으로 상대방을 기망하여 착오를 일으키고 처분행위를 하게끔 하는 '사기'에 해당한다. 우리나라에 공인중개사 자격증을 보유한 전문가들이 많음에도 이와 같은 일이 발생하는 것은 정말 안타깝다. 필자 또한 아픈 경험이 있어 상대방을 형사고소하기까지에 이르렀고 문제의 해결에 많은 비용과 시간을 써야만 했다. 필자가 생각하기에 사기를 잘 당하는 사람들은 '욕심이 많고 게으른' 특징을 가지고 있는 듯하다. 욕심이 많아서 눈이 가려지고 게을러서 꼼꼼히 따지지 않기 때문이다. 대부분 상대방이 이런 성향을 보일 때 사기를 치는 사람들은 집요하게 물건을 권유한다.

부동산 실물 투자를 하려면 시간을 가지고 꼼꼼히 살펴보아야 한다. 정말 내가 거래하는 사람, 지금 계약서를 작성하기 위해 앉아 있는 상대방이 현재 이 물건의 소유주가 맞는가? 소유는 하고 있더라도 다른 채무관계 등으로 내가 물건을 인수할 때 처분 권한이 없는 것은 아닌가? 구두로 한 여러 듣기 좋은 약속들은 어디엔가 분명히 문서로 합의사항을 남기고 날인하였는가? 내가 이 사람에게 돈을 보낸다면 증빙이 남을까? 내가 준 돈을 다른 용도로 사용할 염려는 없는가?

만약 공인중개사나 다른 누군가가 중간에서 이와 같은 것들을 전문적으로 검증해준다면 보다 많은 사람들이 안심하고 부동산 거래에 임할 수 있을 것이다. 복비공인중개사 수수료를 아예 지불하지 않으려고 처음 보는 사람과 직거래를 하는 건 매우 위험하다.

셋째, 부동산 투자 기회가 지가·건물가 상승이나 임대수익 목적의 직접투자 부분에 한정되어 있다. 사실 이론적으로 부동산의 최초 개발, 건축과 보유, 운용, 처분의 모든 과정에서 투자이익이 존재할 수 있지만 일반 투자자에게 열려 있는 투자수단은 제한적이다. 일반인에게 익숙한 것은 주로 향후 시세 상승을 보고 신규 아파트를 분양받을 때 건축자금을 미리 공급해 물건을 취득하는 경우나, 이미 소유한 건물의 임대수익을 누리는 것, 지가나 건물가의 상승 이익을 처분하여 실현하는 것이 일반적이다.

하지만 그동안 사채시장에는 건축자금이 필요하나 담보력이 부족한 사업자의 자금을 융자해주는 건축금융, 그리고 경매를 통해 물건을 싸게 구입하려는 구매자가 활용하는 경매자금 융자, 저당권이 이미 설정된 물건에 대한 후순위 담보 융자 등 다양한 수단이 존재했다. 그러나 일반 개인투자자가 이러한 투자 기회를 활용하기에는 자금력과 정보력이 부족하다.

이와 같은 세 가지 난점을 극복해 일반 개인투자자에게 다양한 부동산 간접투자 기회를 제공하는 것이 현재 P2P 부동산 관련 투자금융 상품이 하는 일이다. 이제 주요 투자상품을 살펴볼 차례다.

빌라를 짓자. 빌라를!

우리가 사는 동네의 골목에서 아주 친숙하게 접할 수 있는 빌라, 다세대, 연립주택 혹은 상가와 복합된 공동주택은 최근 은퇴 연령 인구의 큰 관심거리다. 노후에 안정적인 수익을 얻기 위해 건축주가 되어 토지를 사고 설계·시공사를 찾아 건물을 올린다. 그리고 1~2층을 상가로 임대를 주고 3~4층은 작은 사무실이나 보습학원, 5층에는 자가 주거용으로 활용해 투자금의 연 7~8%대 임대수익을 올리는 것은 많은 사람들의 꿈이다.

혹은 설계·시공사, 즉 소규모 건축업자가 자기 자본과 투자금 혹은 융자를 끌어들여 토지를 확보하고 건물을 올린 후 분양해서 수익을 회수하고, 융자금을 상환하는 형태도 꽤 있다. 이런 경우 대형건설사면 모를까 은행은 웬만해선 소규모 건축업자에게 토지만을 담보로 많은 돈을 융자해주지 않는다. 결국 대안은 저축은행인데 승인까지 시간이 오래 걸리는 단점 때문에 건축업자들은 결국 사채시장의 고금리 대출을 활용해왔다.

부동산 P2P 부문의 선두 주자로 불리는 한 업체는 이와 같은 문제를 해결하기 위해 빌라 건축자금에 대한 융자를 전문으로 하고 있다. 토지를 확보한 건축사업자의 사업계획을 심사해 건물이 준공되었을 때 분양수익을 예상하여 미래 예상 담보가치를 산정하고 이 범위 내에서 대출을 시행한다. 대부분 1순위로 변제 가능한 대출권을 담보로 설정하기 때문에 변제순위에 있어서는 타 부동산 건축자금 제공 업체보다 안정성이 높다.

또 하나의 특징은 물건의 위치, 즉 건축 사업장이 대부분 지방이라는 것이다. 변제 가능성을 키우는 수단으로 잘나가는 지역인 강남, 수도권 빌라 건축자에게 2순위 대출을 주는 것보다 지방 사업장에 1순위 대출을 설정하는 것이 안정적이라 보는 것이다. 따라서 투자자가 가져가는 수익률은 통상 세전 12~15% 수준으로 여타 건축자금 대출 P2P업체의 수익률 19~21%보다는 낮다.

또한 빌라 건축 한 가지에 집중하기 때문에 높은 심사 효율을 보유할 것이라는 기대를 갖게 한다. 통상적으로 빌라 건축 사업은 몇 가지 중요한 리스크를 갖는데 첫째가 준공 리스크, 둘째가 분양 리스크다. 보통 준공 리스크는 애초 계획보다 공사가 지연되면서 공사비용은 증가하고 분양 시점은 늦어져 자금순환에 큰 문제가 발생함을 뜻한다. 바로 이 준공 리스크는 건축업자의 평판 그리고 과거 성과트랙레코드를 통해 미리 살펴볼 수 있다.

분양 리스크는 이보다 조금 더 통제가 어려운 영역이다. 해당 사업의 순수한 사업성을 봐야 한다. 주변의 빌라 공급 추이, 인구 유입

등을 보는 안목이 있어야 한다. 사실 지역 부동산 중개소에 가면 좋은 동네, 좋은 땅이라며 칭찬일색인 경우가 많다. P2P업체는 이때 한 발짝 떨어져 객관적으로 사업성을 볼 수 있는 위치에 있으니 그 역할에 충실해야 한다.

소규모 건축업자 네트워크라는 것이 일반인들 눈에는 잘 띄지 않는 성격이어서 업자들을 상대해 본 오랜 경험과 예상 위험도를 판단하는 심사력은 이와 같은 P2P대출사업의 핵심역량이라 할 수 있다. 현장 감각이 있어야 하며 데이터를 많이 분석하는 것만으로는 판단하기 매우 어려운 영역이다.

위에 소개한 업체와는 사업철학이 사뭇 대척점에 있어 보이는 다른 P2P업체 이야기를 해보자. 동 업체가 내놓는 부동산 투자상품의 세전 목표 수익률은 19%대다. 모두 2, 3순위 변제가 되는 대출권을 설정한다. 당연히 더 큰 위험을 지고 있으니 더 높은 수익률 제시가 가능한 것이다. 두 업체 중 어느 업체에 투자하는 것이 좋을지의 판단은 오로지 투자자의 몫이다. 2순위라 하더라도 위치가 인기 지역이라면 걱정을 조금 덜 수 있다. 보통 이런 곳은 설사 준공이 안 되더라도 토지 가치가 높아 그 자체의 담보력이 높기 때문이다. P2P투자에 익숙한 투자자들은 이를 금세 알아보고 달려든다. 실제로 동 업체는 2017년 2차례 정도 서울 대치동의 오래된 연립주택을 허물고 신형 다세대 주택을 짓는 건축사업자에게 대출을 주고, 투자자에게는 총 10개월, 연이율 19%의 2순위 대출 투자상품을 내놓은 바 있다. 필자 또한 이들 상품에 가입하려고 초를 다투어 투자 신청을 했지만 정말이지 눈 깜짝할 새 모집이 마감되고 말았다. 아는 사람은 좋은 물건을 빨리 알아보는 법이다.

투자자의
체크
포인트

만일의 경우를 대비하는 투자자 안전장치

앞서 말했듯 일반 개인투자자들이 쉽게 부동산 투자를 하지 못하는 이유 중 하나는 부동산 거래 관행의 많은 부분이 불투명하기 때문이다. 따라서 P2P업체들이 전문성을 기반으로 이를 어떻게 개인 간접투자자들을 위해 해결하는지 꼭 살펴봐야 한다.

첫째, 건축자금 대출의 경우 '자금의 입출금이 투명하게 관리되고 있는가'이다. 돈이 사업하는 데 안 들어가고 엉뚱한 데 쓰인다면 준공도 분양도 기대할 수 없다. 실제 지금도 이것이 투명하게 관리되지 않아 생기는 자금 사고가 건축현장에서는 빈번하게 일어난다. 특히 소규모 영세 사업장일 경우, 또 불행하게도 누가 소개해준 믿을 만한 상대방인 경우 잘 발생한다. 아직까지도 에스크로 계좌나 신탁 등의 자금 관리 방식이 정착되지 않은 탓이다.

이에 반해 선도 P2P업체들은 일단 투자금 모집이 되면 투자금을 모두 제3의 신탁기관에 예치한다. 신탁기관에서는 P2P업체든 건축사업자든 함부로 돈을 뺄 수 없다. 미리 정해진 규칙, 예를 들어 P2P업체는 이자 및 원금 상환 일정에 따라서 인출할 수 있고 사업자는 미리 약속한 공사진행률을 만족시킬 때 일정 부분씩만 돈을 가져갈 수 있는 것이다. P2P업체의 상품설명 시 이와 같은 안전장치가 확실한지 확인하기 바란다.

실제로 아마 우리 주위에는 중소형 설계사 혹은 시공업자에게 자신이 원하는 집을 지어달라고 하는 방식의 소위 내 집 짓기 프로젝트를 해본 사람이 꽤 있을 것이다. 그런데 그 공사현장이 내 출퇴근길에 있지 않는 한 매우 불안한 것이 사실이다. 돈은 송금한지 오래됐는데 과연 공사는 제대로 진행되는지, 왜 사전에 정한 기간보다 시간이 더 소요되는지 등 불안한 구석이 한둘이 아니다. P2P부동산투자업체가 중간에서 객관적으로 공사 진행현황을 파악하고, 이를 투자자들에게 공유함으로써 안전장치를 마련하는 역할을 제대로 하는지 눈여겨봐야 한다.

필자가 투자한 부동산 건축자금 PF(프로젝트 파이낸싱) 전문 P2P투자업체는 투자상품에 가입한 후, 주기적으로 공사 진행현황을 현장사진과 함께 보내준다. P2P업체가 돈을 빌린 시행사 혹은 시공사가 애초의 약속대로 공사를 잘 진행하는지 확인하는 것은 매우 중요한 역할이다. 따라서 부동산 간접투자를 위해 P2P를 활용하는 일반 투자자들은 항상 투자 전에 공사 진행현황에 관해 P2P업체가 어떻게 확인하는지 꼼꼼히 따져보기 바란다.

둘째, 물건의 존재에 대한 입증이다. 말 그대로 내가 투자하려는 대상이 실제 존재하는지에 대한 것이다. 좀 우습지만 굉장히 중요한 확인 사항이다. 정말 지금 빈 땅에 건물이 올라갈 계획이 있는지 제대로 조사해야 한다. 그러려면 사업자가 토지를 이미 확보하였는지를 봐야 하는데 단순히 등기부등본만 확인해서는 어려운 경우가 많다. 토지의 소유자는 제3자이지만 사업을 위한 위임을 확실히 받았는지 등도 규명해야 한다. 사실 분양사기 중에는 실제로 토지에 대한 사용권도 없으면서 자신이 사업을 한다며 자금을 모집하는 경우도 있기 때문이다.

필자가 투자한 모 P2P업체는 프로젝트 파이낸싱 대출에 관한 투자를 모집하면서 항상 각종 증빙서류를 함께 제시한다. 이 서류들은 보통 다음에 관한 것이다. 해당 토지를 차주가 확보하였는가(더 정확하게는 토지등기부등본을 떼서 봐야 하지만 여기서는 부동산 매매계약서로 갈음됨), 소유는 못하고 있더라도 사용권은 분명히 보유하고 있는가 등이다.

셋째, 공신력 있는 감정평가 존재 유무다. 보통 건축자금의 감정평가는 토지뿐 아니라 건축물이 완공되었을 때의 가치까지 예상해서 산출해야 한다. 마땅히 참고할 만한 지표가 있는 경우(바로 옆 부지에 1차 다세대주택이 지어져 분양된 후, 기간을 두고 2차 공사가 진행되는 경우)를 제외하고는, 이를 감정평가 없이 건축업자의 말만 믿고 돈을 넣을 수 없는 일이다. 그러니 P2P 부동산 투자를 주선하는 업체가 공신력 있는 감정평가기관의 서비스를 이용하는지 확인해야 한다.

넷째, 건축 사업이 중단될 때 누가 인수해서 어떻게 다시 사업을 정상화하는지 미리 따져봐야 한다. 토지와 공사 진행 중인 건물을 담보로 대출했으니 만약에 시행사, 시공사가 부도가 나면 애초의 투자가치를 최대한 확보할 수 있는 방안은 누군가 공사를 인계받아 계속 진행하는 것이다. 독자들의 상황이 이 지경까지 가지는 않기를 바란다. 부동산에서 주인과 공사업자의 변경은 아주 가끔 상황을 호전시키기도 하지만, 대부분의 경우 기약 없는 시간 연장과 비용 손실을 초래한다. 어쨌든 만일의 경우에 대비한 안전장치를 확인해보자.

부동산 투자의 꽃, 아파트 담보 P2P투자

건축자금 대출은 미래가치를 보는 투자다. P2P업체들이 이야기하는 LTV에 이미 확보된 토지가치 외에 준공가치까지 포함되어 있기 때문이다. 이에 반해 이미 분양과 입주가 끝난 아파트의 후순위 담보를 기반으로 하는 대출상품 P2P 투자도 있다.

한 P2P업체는 아파트 후순위 담보대출을 전문으로 하고 있다. 독자들은 앞서 살펴본 프로젝트 파이낸싱 전문 P2P업체와는 좀 다른 특이점에 주목할 필요가 있다.

첫째, 우선 투자모집금액이 적다. 보통 건축자금 모집을 할 때 수억 원, 수십억 원을 목표로 하는 것에 반해, 단위당 2,000만~6,000만 원 정도의 소액이다. 이렇게 작은 단위의 대출은 대출금의 소요를 짐작하게 한다. 생활자금 혹은 대환대출일 가능성이 크다. 무언가 원대한 꿈을 가지고 빌라나, 사업장 등을 지으려는 목적과도 차이가 있다.

둘째, 후순위라는 이야기가 눈에 많이 띄고 LTV가 대부분 60~70% 이상이다. 이와 같은 담보물건의 등기부등본을 떼어 보면 이미 앞서서 전세권 혹은 다른 은행, 금융기관 대출의 권리관계가 설정되어 있는 경우가 많다. 잘 하면 2순위, 대출건이 많은 경우 4, 5순위로 설정된다. 그리고 이미 담보가치의 상당부분을 선순위의 전세권이나 대출이 차지하였으므로 추가로 대출을 내고 나면 매우 높은 LTV 소진율이 나타나는 것이다.

셋째, 투자자들에게 돌아오는 수익률이 그리 높지 않다. 건축자금 대출에서 쉽게 눈에 띄는 18~19%의 수익률은 보기 어렵고 대부분 12~13% 수준이다. 어떻게 생각하는가? 사실 어느 것이 옳고 그르고의 문제가 아니고 투자자가 가진 성향에 따라 선택이 나뉠 것이다. 사실 아파트 후순위 담보는 부동산 경기의 급속한 냉각으로 인해 기성 아파트의 매매가치와 담보, 경매가치가 급격히 하락하게 될 위험 정도에만 노출되어 있다고 해도 과언이 아니다. 그러니 다시 말해 준공 리스크와 분양 리스크 없이 오로지 경기 위험만 가지고 있어 투자 위험 그리고 이를 반영한 수익률은 당연히 건축자금 대출투자보다 낮다. 필자가 투자자들 입장에서 생각해본다면 가급적 수도권과 인접한, 브랜드가 있는 아파트에 상대적으로 더 높은 점수를 줄 수 있을 것 같다. 이미 만들어진 자산에 대한 직접투자든 간접투자든, 가장 핵심은 환금성 혹은 환가성이다. 나중에 만에 하나 일이 잘못되어도 팔릴 만한 물건인지가 관건이다.

또 한 가지는 P2P업체가 가지고 가는 고유의 LTV 산출법에 대한 이해다. 사실 은행이 가져가는 LTV는 매우 보수적이다. 상대적으로

P2P업체는 나중에 경매 등의 2차 시장까지 고려해서 LTV의 한도를 은행보다 더 높게 보고 가용한 추가 대출금액을 산정하게 된다. 하지만 항상 사업이란 것이 그렇듯 욕심이 화근이 될 수도 있다. 단위당 매우 작은 규모의 투자금을 유치하는 상황이라면 당연히 매우 많은 물건을 확보하거나, 아니면 확보한 물건에서 대출 가능 금액을 높게 산출하고자 하는 의지가 반영될 수도 있을 것이다. 사업이기 때문에 그러하다.

그러니 투자자들은 자기들만의 관점을 가지고 있어야 한다. '이 정도 선까지가 안전하다' 혹은 'LTV 몇 % 이상으로 총 대출 잔액이 형성되는 투자건은 재고해보겠다' 등 자신만의 규칙을 가지고 움직이면 마음이 편하다. 돈을 버는 것도 좋지만 마음 편히 사는 즐거움도 재테크 투자의 고수들이라면 반드시 터득해야 할 노하우다.

내 손 안의 신재생에너지 사업

발전소 프로젝트 파이낸싱과 P2P가 만나다

문재인 정부 출범 이후 신재생에너지에 대한 관심이 뜨겁다. 미세먼지와 원전 안정성에 대한 논란으로 촉발된 청정에너지원에 대한 높은 기대는 급기야 석탄 화력 셧다운 및 원전 축소라는 급진적 카드를 꺼내들도록 했다. 다른 한편으로는 주 대체 발전원인 천연가스의 발전단가가 기존 에너지원 대비 높은 이유로 불가피한 전기세 인상이 예상되고 있는 상황이다. 이와 같은 분위기 속에 태양광 발전사업이 세간의 큰 관심을 끌고 있다. 대기업뿐만 아니라 토지를 가진 일반인, 그리고 값싸고 깨끗한 에너지원을 갖고 싶어 하는 지역공동체 모두 관심을 가지고 있다.

이와 같이 개인이나, 지역공동체가 태양광 발전사업을 할 때 필요한 자금을 P2P방식으로 모집해 연 8~10%대의 수익을 얻는 프로젝트 파이낸싱 P2P업체가 등장했다. 단순히 자금 중개만을 수입원으로 하는 것이 아니라 발전사업을 원하는 일반인이 적절한 형태의 설

증가하는 태양광 발전 용량

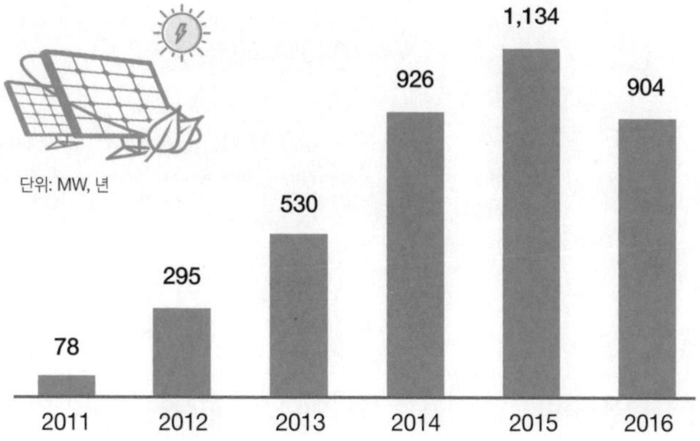

자료: 한국에너지공단

비와 사업성을 갖추도록 컨설팅을 해주는 서비스 또한 수익원으로 가지고 있어 여타 건축자금 중개 P2P업체와 차이가 있다.

그렇다면 투자자 입장에서는 투자수익을 좌우하는 태양광 발전사업 자체가 매력적인 사업인지에 대한 판단이 중요하다. 그동안 많이 알려지지는 않았지만, 우리나라 전력 수급 구조상 태양광 발전은 크지는 않지만 안정적인 수익 확보가 가능한 사업이다. 나라에서 태양광을 통해 만들어진 전기를 고정적으로 구매하기 때문이다. 한국전력의 자회사들인 한국동부, 한국서부, 한국남부, 한국중부 발전은 모

태양광 발전 P2P의 구조와 사례

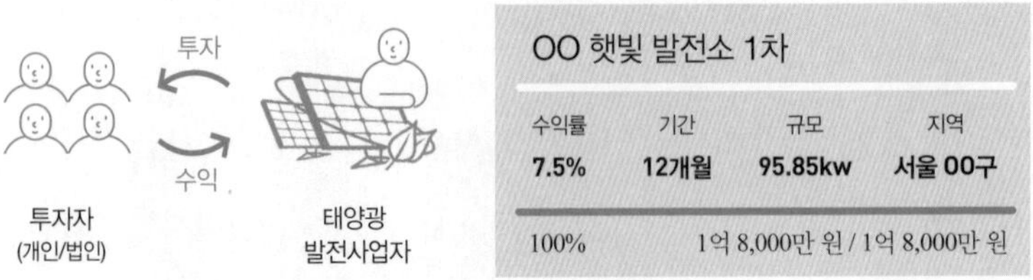

두 석탄 화력을 주력으로 하는 회사들이다. 이 회사들은 국가의 에너지 수급 장기비전에 따라 앞으로 단계적으로 석탄 화력으로 발전하는 양을 청정에너지원인 태양광, 풍력 등으로 대체해야 한다. 그 일환으로 직접 태양광 발전사업을 하기도 하고 민간 사업자들이 발전한 전기를 구매하기도 한다.

의무량을 달성하는 것이 목표이기 때문에 태양광 발전 전기량의 수급요건에 따라 매입 가격이 정해져 가격 변동성은 분명히 있다. 하지만 매해 고정적인 수요처가 있다는 점은 분명 사업을 하는 입장에서 큰 장점이다. 흔히 프로젝트 파이낸싱에서 이를 오프테이크Off-take라고 하는데, 발전소나 공장 건설에 자금을 대는 주체들은 해당 시설이 완공된 후 만들어진 상품이나 재화에 대한 구매처, 구매량, 구매가격 등이 일정 수준 사전에 보장되어 있는가를 사업성 판단의 중요한 요소로 본다. 말하자면 아파트나 빌라 건축의 경우 선분양과 같이 리스크가 제거된 상태에서 프로젝트 파이낸싱이 들어가는 것과 유사하다.

빌라나 아파트 건설 업력과 비교해보면 아직 소규모 태양광 발전 사업은 태동기 정도라 볼 수 있다. 발전 공정이 원자력이나 석탄 화력 등에 비할 바 없이 단순하지만, 이름만 대면 알 수 있는 대기업에서부터 지역의 영세사업자까지 설계나 건축 사업자들이 매우 다양하다. 발전 사업을 하려는 일반 개인 입장에서는 신뢰할 수 있는 사업자를 만나고 이들이 공사를 제대로 진행하는지를 대신 감독해줄 수 있는 누군가가 필요한 상황이다. 즉 준공 리스크를 제어할 수 있는 전문가가 필요하다.

이외에도 소규모 발전사업을 하는 데에는 동네의 빌라 건축과 달리 보다 다양한 관계기관들과의 조율이 필요하다. 발전하면 전기를 원하는 도매 구매자에게 배송해야 하니 전봇대나 지하 송전설비 등의 건설이 필수다. 따라서 건축사업자, 관청 등 전기를 구매해줄 오프테이커off-taker의 전체 이해관계를 조율하는 지휘자 역할도 필요한 것이다.

투자자의
체크
포인트

개인 태양광 발전사업 투자 시 유의점

지금까지는 신재생에너지 발전사업이 갖는 유망한 면에 관해 주로 이야기했다면, 이 책은 투자에 관한 것이므로 필연적으로 돈을 넣는 사람들이 갖게 되는 리스크에 관한 이야기를 하고자 한다. 태양광 발전사업은 일반인들에게 알려진지 꽤 되었지만 여전히 전문적이고 생소한 영역이다. 그러니 잘 모르는 사람들의 지갑을 노리는 사람들이 있을 수 있다. 한 때 유행했던 기획부동산 사기 유형을 떠올려보자. 전형적인 꼬드김과 눈속임은 다음과 같다.

첫째, 유명한 사람들 혹은 땅 주변의 향후 개발 전망에 대해 정통한 공무원들 혹은 전문가 집단이 이미 매집에 들어간 땅이라고 꼬드기는 것이다. 시장의 질서를 어지럽히는 오프라인의 일부 태양광 발전사업 중개사들은 민간 투자자들에게 "한국전력 직원들이 성과급을 모두 털어 단체로 발전사업 부지를 이미 분양받았다"는 이야기를 흘린다. 솔깃할 수밖에 없다. 투자에서 가장 쉽게 경계심을 허물게 되는 순간이 자기보다 전문가가 이미 선택한 물건이나 금융상품이란 사실을 접했을 때다. 남의 돈도 아닌 내 돈이 나가는 상황에서 가장 믿어야 할 전문가는 바로 자기 자신이다.

둘째, 맹지 분양이다. 보통 맹지란 토지에서 도로가 어떤 면에도 접하지 않는 개발·투자의 가치가 없는 땅을 뜻한다. 실제로 기획부동산 업자가 대규모 땅을 사들인 후에 바둑판처럼 나누어서 쪼개 팔기를 많이 하는데, 이때 필연적으로 다량의 맹지가 생겨나고 이를 사게 된 투자자는 쓸모없는 땅을 손에 쥐게 된다. 태양광 발전도 마찬가지이다. 누군가 후보 부지를 가지고 있다고 해서 쓰임새가 모두 똑같을 수는 없다. 이중에 자신이 분양받는 혹은 투자지분을 갖는 땅이 거의 쓸모없는 귀퉁이 땅이거나 하면 낭패다. 땅문서는 가졌지만 그 누구도 탐내지 않는 땅문서라면 휴지조각이 되고 만다.

항상 분양업자나 개발중개업자가 보여주는 멋지고 화려한 큰 그림에 매혹되어 있을 때 이런 함정에 빠지기 쉽다. 결국 객관적인 조언을 해줄 수 있는 주체를 찾아야 한다. 이것도 투자자로서 스스로 행해야 할 의무이다.

법인·사업자 신용대출

핫플레이스 매출의 힘을 믿는다!

통계에 따르면 2015년 말 기준 국내 자영업자 수는 550만 명을 돌파했다. 자영업에 의지하는 가계 인원들까지 고려하면 족히 우리나라에서 1,500만 명 이상은 자영업과 직접 관련이 있다는 어림짐작이 가능하다. 그런데 더 놀라운 것은 이 숫자가 2005년, 2007년 대비 크게 줄어든 숫자라는 점이다. 당시는 600만 명을 상회했었는데 그만큼 많은 자영업자들이 시장에서 퇴출되는 아픔을 겪었다는 걸 의미한다. 실제로 최근 몇 년간은 전체 창업자 수보다 시장에서 폐업신고를 하는 업자의 수가 늘어나고 있다.

하지만 항상 그러하듯 많은 자영업자들 중에서도 우수한 사업성과로 재산을 증식하고 사업을 확장하는 업체들이 있다. 그러나 애석하게도 이들이 일반은행에서 대출을 받기는 굉장히 어렵다. 사업주가 가지고 있는 부동산을 담보로 하거나 사업주의 개인 신용, 법인이 소유한 사업장 부동산을 담보로 하는 경우가 대부분이다. 매우 예외

자영업자 수 추이

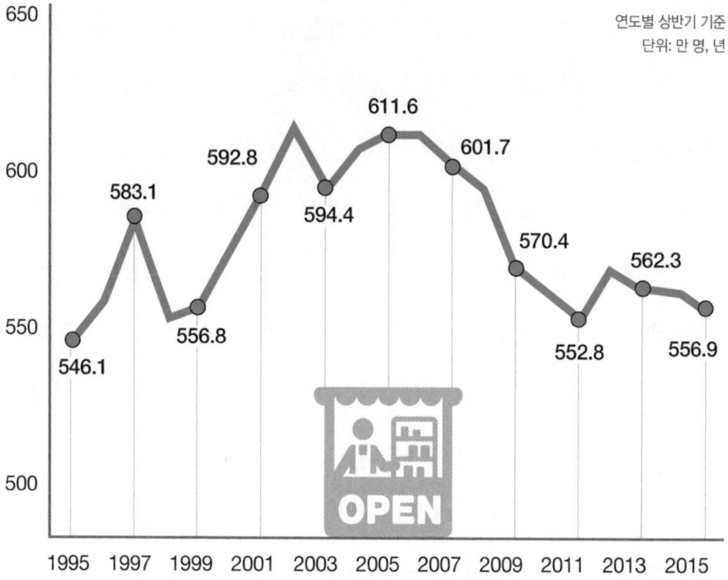

자료: 통계청

적으로 정부 정책이나 보증보험의 참여 속에 사업의 신용을 기반으로 한 대출이 이루어지는 것이 현실이다.

굳이 은행을 탓할 필요는 없다. 사실 은행의 담보 위주의 보수적인 심사 관행은 구조적 요인에 의해 만들어진 것이고 많은 예금 투자자들을 보호하는 힘이기도 하다. 은행은 돈을 빌려와 어딘가에 굴려서 수익을 만들어야 하는데 돈을 굴리는 용처가 얼마나 위험한가에 대해 엄격한 평가를 해야 한다.

또한 위험도가 높은 투자일수록 자본금이 그만큼의 완충 역할을 하도록 더 많이 쌓아야만 한다. 사실 은행과 같은 큰 기관이 자본금을 늘리는 데는 엄청난 노력이 든다. 그리고 지나치게 높은 자본금을 미리 쌓아서 자본효율이 낮아지면 많은 주주들에게 이익이 돌아가지 않는다. 이러한 일이 일어나기 전에 가능한 한 보수적으로 자금을 운용해 '낮지만 확정적인 수익'을 일반 고객에게 돌려주는 역할이 사회적으로 요구되고 있다고 봐야 한다. 만약 은행에 있는 대출 심사자가 어떤 자영업체가 유망하다고 판단하여 대출을 승인하려고 한다면 은행은 시스템적으로 다음과 같은 질문을 계속 던질 것이다. '정말 다음 달에도 장사가 잘될까?' '만약 안 되면 어떡하지?' '원금을 회수할 수 있는 방법이 무엇이지?' 이와 같은 질문에 만족할 만한 답을 하는 건 거의 불가능하다.

이러한 문제를 해결하기 위해 자영업자의 사업성을 판단해 P2P금융 중개를 하는 업체들이 시장에 다수 등장했다. 그만큼 그동안 일반 금융기관들이 해결해주지 못하는 가려운 곳을 긁어주는 해결책이 필요했다는 방증이다. 자 그럼 이제부터 사업자, 법인 신용대출 상품의 투자에 대해 알아보자.

야심차게 2호점을 내다

사업을 시작한 사장님이 1호점 성공을 기반으로 사업 확장의 꿈에 부풀어 있을 때만큼 기분 좋을 때가 있을까. 보통 사업을 하는 사람들은 개인사업자에서 출발해 매출과 이익 규모 혹은 그 잠재력이 커져 까다로운 경영 관련 법제와 세무적인 의무사항에도 불구하고 '법인'의 위용을 갖출 때 큰 보람을 느낀다. 그리고 나아가 본인이 운영하는 사업이 다른 사람에게 높은 값으로 매각되거나, 주식시장에 상장될 때 말 그대로 '대박을 치는 것'이다. 이 일련의 과정은 회사가 사업을 하기 위해 자본금을 크게 늘리거나 신용과 담보로 차입금빌린 돈을 늘리는 과정이기도 하다. 1호점의 성공을 맛본 자영업자가 2호점을 내는 것은 위와 같은 외관상 변화의 아주 작지만 중요한 시발점이라고도 할 수 있다.

가슴 설레고 또 신경 쓰이는 것이 한둘이 아닐 것이다. 예를 들어 음식점이라면, 1호점에서 소문난 맛이 2호점에서도 유지되어야 하고 사람들이 2호점이 생겼다는 사실도 많이 알아야 하며 직원도 더 채용해야 한다. 무엇보다 식당은 입지가 좋아야 하니 뜨는 동네에 자리를 잡으려면 월세금과 이전 사업자에게 줘야 할 권리금이 만만치 않을 것이다. 생각해보면 2호점을 낸다는 것은 1호점에서 고객의 취향 저격에 성공했다는 것을 의미한다고 볼 수 있다. 그러니 자신감이 있는 창업자는 점포 확장을 계획할 것이다. 그러면 '꼭 빚을 내야 할까?'라는 의문이 든다. 매우 보수적인 사업가라면 1호점에서 충분히 성공해서 오랜 기간 이익을 쌓아, 이 돈으로 차곡차곡 확장하는 것을 생각할 수 있다. 아무리 통 큰 사업가라도 채무는 부담이 될 수밖에 없다.

그러나 업종에 따라 다르겠지만 우리나라 자영업 아이템의 빠른 순환주기를 보면 마냥 1호점의 이익이 쌓이고 있기를 바라는 건 현실적으로 어렵다. 2015년 서울시가 발표한 '서울 자영업자 지도'를 보면 두 가지 사실이 눈에 띈다.

첫째, 우리나라 자영업자의 창업 후 세 번째 해 생존율은 약 54%다. 대략 절반 정도는 3년 후에 어떤 이유에서든 세무당국에 폐업신고 한다는 것이다. 이것이 곧 파산을 뜻하지는 않지만 어쨌든 애초에 계획한 사업이 제대로 돌아가지 못했다는 것을 의미한다.

둘째, 우리가 대표적인 자영업종으로 보는 외식업의 경우 지난 10년째 계속 폐업하는 숫자보다 신규 사업을 신고하는 숫자가 많다는 것이다. 외식업이란 것은 곧 소비자의 입맛을 잡는 것이다 보니 시장에 계속 새로운 아이템이 쏟아져 나왔다가 금방 다른 것으로 대체되는 현상이 반복된다고 볼 수 있다.

이와 같은 상황에서 창업자는 1호점이 장사가 잘되고 있으면 이것이 언제 식을지 모른다는 조급함에 휩싸이게 되고 2호점 개업을 서두를 수밖에 없다. 즉 재무적으로 자기자본에 의한 안정적인 점포 확장 준비가 어렵다. 우선 본인이 소유한 부동산은 이미 1호점 창업을 위한 대규모 자금을 빌릴 때 담보로 제공되었을 가능성이 크다.

이제 사업자에게 남은 수단은 크게 두 가지이다. 신용대출을 하거나 아니면 담보를 찾는 것이다. 2호점 확장을 위한 자금을 모집하면서 1호점의 매출채권을 담보로 제공할 수 있다. 장사가 잘되고 있는 1호점의 우수한 현금흐름을 담보로 하니 돈을 빌려준 사람은 꼭 새로 여는 2호점이 잘되는가와는 직접적 상관 없이 상환력을 가늠해 볼 수 있다.

P2P업체인 피플펀드는 지난 2017년 4월, 성수동 서울숲의 유명식당 2호점 출점을 위한 대출건을 담보대출상품으로 투자자에게 선보였다. 이 상품은 15%대의 세전 투자수익률로 투자자로부터 조기에 펀딩이 마감되어 현재 이자 상환 중에 있다. 아는 사람은 알 만한 핫플레이스에 있는 식당이 2호점을 낸다는 것도 관심을 끌 만했고, 더욱이 세세히 물건을 살핀 투자자는 상환의 재원이 본 식당의 1호점은 물론, 창업자가 보유한 다른 몇 개 외식점의 안정적인 매출채권을 담보로 한다는 점을 눈여겨봤음에 틀림없다.

피플펀드의 유명식당 2호점 대출 사례

OO 식당

연 수익률	투자금 보호	상환기간	모집금액
15%	**매출채권담보**	**12개월**	**1억 2,000만**

아울러 P2P업체가 매출채권담보를 제공하는 기존 식당들의 과거 매출 추이를 객관적으로 바라보고 총 매출금액 중 상당히 보수적인 비중만 실현되어 담보력이 발생하도록 주의를 기울인 것에 대해 투자자들이 화답한 것이 아닌가 생각한다.

"장사 잘됩니다! 믿어주세요.
운영자금을 대주시면 10%대의 수익을 돌려드려요!"

꼭 점포를 확장하는 일이 아니고 기존 사업을 지속시키는 데도 부채가 필요한 경우가 있다. 어떤 이유에서든 사업을 유지하는 데 필요한 재료 구입비용 등을 충당하기 위해, 또는 기존에 취급하지 않던

펀다의 자영업자 사업자금 대출 사례

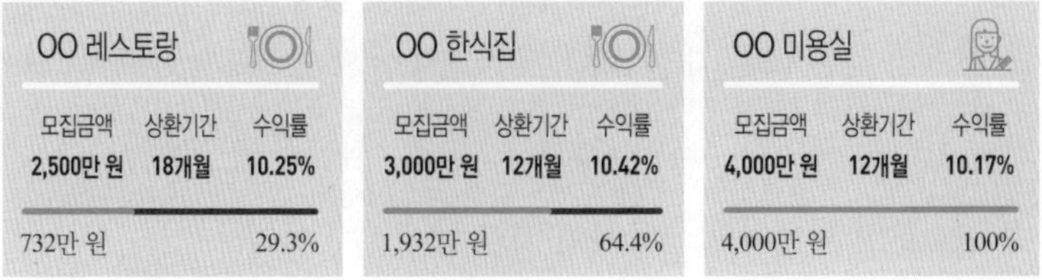

새로운 상품을 사기 위한 구매자금으로 신용대출을 원하는 자영업자들도 많다. 이때 사업자는 장사가 잘되니 꼭 한번 믿어달라고 호소하는 것이다.

펀다라는 P2P업체는 자영업자의 사업자금에 대한 신용대출에 특화된 P2P업체다. "믿어달라"는 호소를 하는 다수의 업체에 대해 이들의 사업 성과를 객관적이고 세밀하게 분석하는 것을 전문으로 하는 업체다. 그동안 이와 같은 자영업자 대출을 300여 건 이상 취급하는 과정에서 대상 업체들은 아주 유명한 식당이나 점포보다는 우리가 골목길을 나서면 쉽고 친근하게 볼 수 있는 사업자들이 대부분이었다. 즉 기존의 은행이나 전통적 금융기관에서 가장 소극적으로 응대했던 소비자층이다.

그렇다면 P2P업체는 어떻게 옥석을 가려내고 또 필연적으로 일정

부분 발생할 수밖에 없는 부실로부터 투자자를 보호하려고 노력할까?

우선 눈여겨볼 것은 대출 대상이 되는 사업자 상점의 판매 데이터를 과거의 것은 물론, 대출 시행 이후까지 실시간으로 받아보며 모니터링 한다는 것이다. 다음은 업체가 보유한 핵심역량이라 할 수 있는 데이터 분석 체계와 활용방식에 대한 업체 설명이다.

> 펀다 에이전트는 펀다가 자체 개발한 POS 매출 분석 프로그램입니다. 상점의 POS에 펀다 에이전트를 설치하면 상점에서 발생하는 실시간 POS 매출 데이터를 수집해 분석할 수 있습니다. 펀다는 이 프로그램을 통해 심사 단계에서는 상점의 미래 매출을 예측해 상점의 안정적인 상환 가능 여부를 평가하고, 대출 후에는 지속적으로 상점의 운영 상황을 파악해 상점 매출의 이상 징후 및 투자 위험 발생 시 선제적으로 대응할 수 있습니다. 펀다는 서울대학교 통계학과, 전자과 연구실과 공동으로 매출 데이터 분석 연구를 진행하고 있으며, 미국의 빅데이터 분석 전문회사인 넘버 애널리틱스Number Analytics사와 매출 예측 알고리즘을 공동 개발하고 있습니다.

즉 우리가 누군가에게 돈을 빌려주고 하게 되는 걱정에 대해 데이터 분석을 통해 답을 제시하는 것이다. 과연 장사가 잘되는 집인지,

지금 잘되고 있는지, 앞으로는 어떨지에 대해, 데이터 분석에 정통한 전문가들이 열심히 분석하고 위험을 찾아낸다. 무엇보다 '매출의 안정성이 어느 수준인지'를 분석 활동이 답해야 할 가장 중요한 질문으로 설정하고 있을 것이다. 이러한 과정을 통해 평균적으로 54%밖에 되지 않는 '창업 후 3년 생존율'의 환경 속에서 오래갈 만한 진주를 가려내기 위해 체계적으로 노력하는 것이다.

또 하나는 일종의 투자자 간 공제프로그램이다. 세이프 플랜이라고 명명되는데 상품에 투자할 때 투자자가 일정 금액을 떼어 공제에 넣으면 부도가 발생할 때 원금 손실분을 전부 혹은 일정 부분 만회해주는 프로그램이다. 아무리 매출 안정성이 높아 보이는 자영업자라 할지라도 애초에 그 사업의 규모가 작고 다중적인 채무관계에 있을 수 있기 때문에 작은 환경 변화에도 취약한 것이 사실이다. 그러니 부실이 필연적으로 일정 수준 발생할 수밖에 없다면 미리 인지하고 대비하자는 것이 세이프 플랜의 취지이다. 참고로 2017년 5월 기준 동 업체가 취급한 대출 자영업자의 부도율은 1.78%대다.

오프라인을 넘어서 온라인으로

대출을 받는 사업자가 반드시 오프라인에 존재할 필요는 없다. 홈쇼핑 채널의 중소업체들을 대상으로 운영자금을 대출해주는 업체도 있다. 온라인·미디어 공간에서도 돈을 빌려가는 중소업체의 사업성은 가장 중요한 관심사항일 것이다. 이 관점에서 홈쇼핑 채널은 매력적인 대출자 풀pool이 집중되어 있는 곳이다.

홈쇼핑 채널은 최근의 대안적인 채널 e커머스e-commerce의 성장으로 인해 3, 4년 전까지 이어왔던 가파른 성장세가 정체국면에 접어든 상황이다. 요인은 소비자가 보다 더 선택권이 넓은 e커머스쪽으로 분산된 것도 있지만 홈쇼핑 채널이 마진을 유지하기 위해 펼치는 까다로운 벤더 심사와 높은 수수료 정책에 기인하는 바도 크다. P2P 투자자 입장에서 이를 해석해보면 e커머스 부문의 작은 업체보다는 상대적으로 우량한 업체들을 대상으로 돈을 빌려줄 수 있다는 의미도 된다.

홈쇼핑 사업자에 대한 대출은 몇 가지 다음과 같은 특징을 갖는다. 첫째, 보통 2~6개월 정도의 단기자금 수요가 주를 이룬다. 이는 주로 향후 홈쇼핑 입점이 결정된 해당 상품을 도매로 구매하는 데 필요한 비용으로, 실제 방송 이후 들어오는 수입으로 상환하는 정책이다.

점차 떨어지는 국내 TV 홈쇼핑 시장 성장률

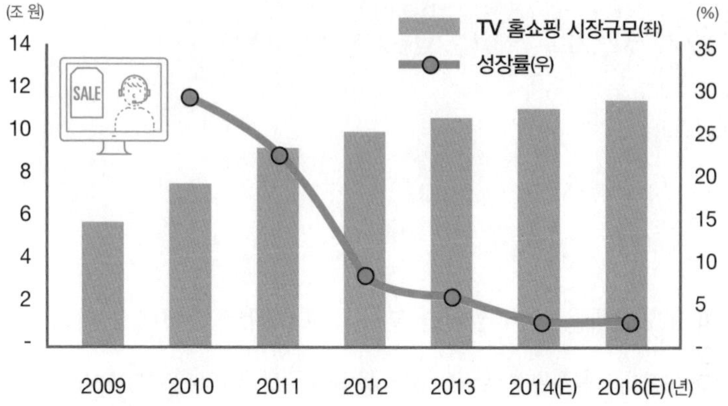

자료: 대한상공회의소, 유안타증권 리서치센터

둘째, 투자 수익률이 통상 월 1%, 연 기준 12~14% 정도인 상품이 주종을 이룬다. 해당 상품의 과거 홈쇼핑 판매 이력 혹은 해당 업체의 과거 홈쇼핑 판매 성과를 근거로 해 가급적 안정적인 매출을 기대할 수 있기 때문에 15% 이상의 고위험·고수익 투자상품이 올라오는 경우는 많지 않다.

중고차·휴대폰 투자

사업자의 운전자금 '브릿지론'에 투자한다

한 P2P업체는 앞서 설명한 부동산 프로젝트 파이낸싱 이외에도 중고차와 휴대폰을 담보로 하는 동산 담보투자 상품을 소비자들에게 제공하고 있다. 먼저 중고차 담보투자는 국내 주요 중고차상의 운영·매입 자금 대출을 위해 중고차를 담보로 잡은 형태다. 핀테크사와 중고차상 간에는 대출계약이 형성되고 담보물건으로는 이미 확보된 중고차 재고가 잡히는 것이다. 대부분 그랜저, 쏘나타 등 대중적인 차종들로서, 담보물의 가치를 매기기가 쉽고 설사 중고차상이 상환을 하지 못하더라도 핀테크사는 이를 처분해 투자자에게 원금 상환을 빠르게 진행할 수 있는 장점이 있다.

일반 투자자 입장에서 볼 때 이 상품이 갖는 가장 큰 특징은 핀테크사 상품치고 초단기·저수익 상품이라는 점이다. 기간은 2개월에 연 7% 수익률이다.

또 다른 상품은 휴대폰 투자 상품이다. 이치는 같다. 휴대폰 도매

상이 재고를 구입할 자금이 필요한 것이다. 또한 휴대폰을 판 다음에 통신사가 고객으로부터 수취한 돈을 판매 45일 뒤에 정산 받는데 이 기간은 자금 운용에 꽤나 큰 부담이 될 만한 기간이다. 이 기간 동안 자금줄에 숨통을 틔고 싶은 것이다. 통신사나 휴대폰 판매점의 거래 업력이 길다면, 이러한 사업형태의 지속성이 높게 평가받을 수 있어 역시 저위험·저수익의 대출 상품이라 할 수 있다.

여기서 대출 상품의 '짧은' 기간에 주목할 필요가 있다. 기간이 짧

휴대폰 담보투자 구조

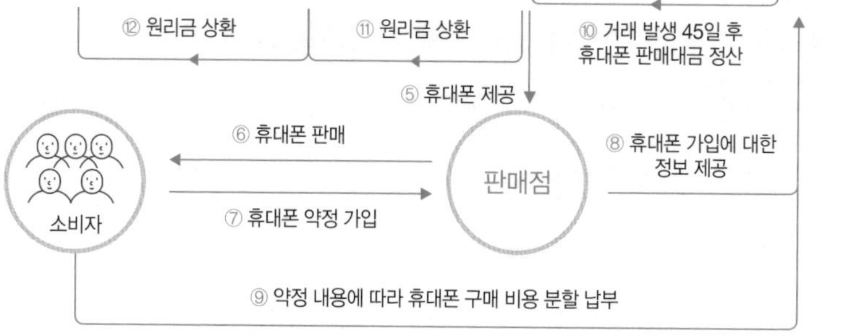

은 이유는 사업에 필요한 운영자금을 위한 대출이기 때문이다. 어느 사업이나 현금 순환 주기라는 것이 있다. 간단히 말하면, 내가 장사를 하기 위해 물건을 떼오려면 자금이 필요하고 고객에게 이 물건을 팔고 일정한 기간이 지나야 돈이 내 수중에 들어온다. 이러한 출금과 수금 활동이 연속적으로 일어나면서 오늘 번 돈으로 다음 주 장사를 위한 재고를 사 오고 또 팔아서 돈을 얻어 그 다음 주 장사를 준비하는 형태의 현금 순환 주기가 생기는 것이다. 받을 돈을 빨리 받고, 줄 돈을 늦게 줄수록, 즉 순방향의 현금 순환 주기가 길수록 자금사정이 좋고 삶에 여유도 생긴다. 줄 돈은 빨리 줘야 하는데 정작 받을 돈이 늦게 들어오면 정말 힘들어진다. 바로 이 간격을 메워주기 위해 자금이 필요한 것이다. 장사를 하기 위해, 남에게 줄 돈을 마련하기 위해 잠시 돈을 빌리는 것이고 그런 의미에서 '브릿지론'이라고도 할 수 있다.

일반적으로 초단기간의 대출금인 브릿지론은 대출금리가 일반적으로 높다. 하지만 이 경우 오랜 업력으로 2개월 단위의 현금 순환 주기가 안정적으로 돌아가는 채무자의 특성상, 일반적인 브릿지론 채무자보다 안정성이 높아 대출금리가 낮은 것이다. P2P업체의 투자 상품치고는 매우 낮은 금리인데, 동 P2P업체의 중고차 담보투자 상품의 모집 실적을 보면 세상의 모든 투자자들이 하나의 성향

(고위험·고수익)을 갖는 것은 아니라는 점을 알 수 있다.

재밌는 것은 이 P2P업체가 다른 한편으로 앞서 말한 것처럼 후순위의 부동산, 토지 담보 프로젝트 파이낸싱 상품 또한 취급해 연 18~19% 고수익률 상품의 모집 실적이 많다는 점이다. 특정 업체의 우수성을 논하려는 것이 아니다. 이처럼 18~19%의 고수익·고위험 상품을 찾는 투자자들이 많은가 하면 2개월 단위의 연 7%금리 상품에 투자하는 사람들도 있다는 것이다. 아니 어쩌면 한 명의 투자자가 일정 금액은 고위험·고수익 상품에 또 일정 금액은 저위험·저수익 상품에 운용하면서 포트폴리오 투자를 하고 있는지 모른다. 개개인의 소비자들이 어떤 날 혹은 어떤 상품에는 사치를 부리다가도 생필품을 살 때는 최저가를 찾기 위해 쇼핑몰을 뒤집고 다니듯 투자자들에게도 양면성이 있다고 보는 게 맞다.

복합대출상품에 투자해보자

신용대출에 부동산 담보 안정성을 더하다

막연히 신용대출상품에 투자하기에는 어딘가 찜찜한 것이 사실이다. 애석하게도 한국은 신용사회가 아니라 담보사회다. 이러한 풍토가 경제 성장이나 서민의 삶 개선에 딱히 긍정적인 요인은 아니다. 기업은 당장 담보력이 없어도 미래 시장을 공략할 기술을 보유했다면 대출을 할 수 있다. 그렇지만 이는 우리나라 일반 은행에서는 상상하기 힘들다. 서민들도 마찬가지다. 그러니 카드, 캐피탈, 대부업 등 을 찾아갈 수밖에 없는 것이다. 자금의 공급자들이 소극적이니 당연히 돈을 빌려주려 심사를 해야 하는 입장에서 담보를 찾는 풍토가 자연스레 뿌리내렸다.

한 P2P업체는 몇 개월 전부터 신용대출에 담보력을 가미한 일종의 복합 상품을 개발해 선보이고 있다. 이 회사의 상품 구조는 다음과 같은 성격을 가지고 있다.

첫째, 이와 같은 상품이 만들어질 수 있는 것은 우선 대출을 내준

복합대출상품의 구조

금융기관이 보유한 대출채권을 유동화해 급히 현금을 써야 할 경우다. 따라서 펀딩이 되면 이 자금으로 여신회사의 대출채권 유동화가 일어난다. 즉 신용대출을 내주어 대출채권이 생긴 회사로부터 P2P업체가 다수의 채권 묶음(20~30개)을 양수도 받고 대신 모집된 투자금을 유동화 대금으로 지급하는 것이다.

둘째, P2P업체는 해당 채권들에 질권을 설정하며 투자자는 P2P업체와 원래 대출을 내줬던 금융기관 사이의 계약에 의해 발생한 원리금 수취권을 확보해 투자 수익을 거두게 된다.

셋째, 채권들 중 일부에서 연체가 발생하면 즉시 해당 채권을 새로운 정상 채권으로 대체한다.

넷째, 채권에 연체가 일어난 경우 즉시 해당 채무자의 주택을 경매 처리한 배당금으로 투자자 원금과 이자를 상환한다.

이러한 상품은 우선 투자자에게 자연스럽게 분산 투자 기회를 제공한다. 한 개의 신용대출이 아닌 수십 개의 복수 신용대출채권을 묶은 포트폴리오 상품이기에 어느 한 개인의 상환력에 의존하지 않아 위험이 분산된다. 또한 주택을 소유하고 있는 개인만을 대상으로 한 신용대출채권이기 때문에 담보력이 확보된다.

마지막으로 또 한 가지 안전장치는 이 투자상품의 1차적인 대출자가 여신회사이므로 실제로 원 신용대출자가 연체를 하더라도 여신회사는 P2P업체에 이자를 계속 납부하게 된다. 이와 동시에 해당 신용대출자의 주택은 강제 경매 절차에 돌입해 궁극적인 원금 상환력을 확보하게 되는 것이다. 만에 하나 1차적인 대부 계약 주체인 여신사가 부도날 경우는 원 신용대출채권을 양수도 받아 이에 대해 P2P 업체가 직접 이자 및 원금 상환에 나서게 된다.

투자자의
체크
포인트

투자 시 우리가 꼭 알아야 하는 용어

부동산 투자나 일반적인 채무 관계가 생기면 생소하고 감이 안 잡히는 어려운 용어들이 등장해서 일반인들의 혼을 빼놓는다. 하지만 우리를 보호하는 관련 법제에도 똑같이 사용되는 용어들이니 반드시 그 의미와 쓰임새를 알아두어야 한다.

공증

어떤 형태의 문서(보통 계약, 합의사항)가 공식적으로 존재함을 자격 있는 제3자가 확인해주는 것이다. 약속어음 공증이라면, 해당 약속어음이란 것이 '실제로 있다'는 점에 대해서 확인함을 뜻한다. 사실 아무나 공증을 할 수 있는 것은 아니다. 변호사, 법무사 사무실이라 하더라도 일정 자격요건을 갖춰야만 할 수 있는 서비스다.

여기서 한 가지 주의할 것은 여신업, 부동산업에서는 보통 '공증'이란 말을 마케팅 용어처럼 사용하는 경우가 많다는 점이다. 공증을 받았다는 게

마치 그 문서 내용이 100% 이행될 것 같은 뉘앙스를 준다. 그러나 따지고 보면 합의 주체 중 하나가 문서 내용을 실제 이행하지 않으면 공증은 아무런 역할을 하지 못한다. 공증한 기관이 그 약속이행을 강제할 수는 없다. 그렇지만 공증이란 제도를 실제 활용해보지 않은 사람들은 간혹 대충 넘어가곤 한다. 공증이 없는 것보다야 낫지만 그 역할을 실제 이상으로 오해하지는 말아야 한다.

대위변제

채무자가 아닌 다른 사람(제3자 또는 공동채무자 등)이 채무자 대신 변제를 해주고 변제를 해 준 사람은 구상권을 취득함으로써 채권자의 범위 내에서 그 권리를 행사하는 것을 말한다. 보증기관과 같은 금융기관에서 특정업체에 보증을 한 경우, 채권자의 이자 미지급이나 원금상환불능과 같은 사고가 난 경우 보증한 금액을 채권자에게 대신 변제하고 그 채권자의 권리를 얻는 것을 뜻한다.

채권최고액

'채권+최고액'의 개념으로 돈을 빌려준 사람 혹은 금융기관이 실제 대출원금보다 더 높은 금액을 얹어 자신의 권리로 설정하는 것을 뜻한다. 부동산 등기부등본 중 은행의 근저당(은행으로부터 주택담보대출을 받을 때 생기는 등기부상 채권자의 권리)이 설정된 경우를 살펴보자. 이때 가장 오른쪽 칸에 채권최고액 9,600만 원이라고 쓰여 있다고 가정해보자. 보통 은행들이 대출원금의 120%를 채권최고액으로 설정하니, 대출원금은 8,000만 원이었을 것이다. 이 20% 안에는 계속 이자 지급이 연체되어 갚아야 할 돈이 불어났을 경우 그리고 여러 가지 대출 업무 관련 은행의 비용 등이 포함되어 있다고 보면 된다.

대출자 입장에서 채권최고액은 LTV와 관련이 크다. 2억 원짜리 주택의 담보로 LTV 60%(1억 2,000만 원)라 할 때 대출을 두 차례 나누어서 받는 경우를 생각해보자. 국민은행에서 최초 8,000만 원을 빌리고 다시 1년 후 국민은행에서 나머지 금액을 대출받을 경우 4,000만 원이 가능하다. 그러나 두 번째 대출 시 신한은행에 가는 상황이 생기면, 즉 은행이 바뀔 경우 가능한 남은 대출 한도는 LTV에서 기존 대출원금을 제외한 것이 아니라 채권최고액(9,600만 원)을 뺀 2,400만 원인 것이다.

NPL이 P2P투자의 영역으로 들어왔다

P2P로 경매를 하다

이 P2P투자상품을 이해하기 위해서는 먼저 NPL에 대한 이해가 필요하다. NPLnon-performing loan, 무수익 여신이란, 돈을 빌려준 금융기관 입장에서 채무자가 더 이상 이자나 원금 지급을 이행할 가능성이 보이지 않아 부실화된(통상 90일 이상 연체) 대출건을 말한다. 이 NPL의 존재는 은행에 항상 부담이다.

은행의 안정성을 위해 금융감독원은 매월 각 은행의 NPL과 유사한 개념인 고정이하 여신비율을 집계해 공표하면서 각 은행이 대출 위험관리를 잘하고 있는지 감독한다. 따라서 일정 수준 이상으로 NPL대출 비율이 늘어나면 은행은 빠른 시일 내 자금 회수가 어렵다고 판단하여 조금 손해를 보더라도 장부에서 털어내려고 한다.

금융업계에는 이와 같은 NPL을 은행뿐 아니라 대출이나 채권·채무관계를 맺는 보험사, 카드사, 캐피탈사, 심지어 통신사들로부터 대량으로 싼값에 사들여 회생시키거나 담보 등을 처분함으로써 수익

NPL P2P투자의 구조

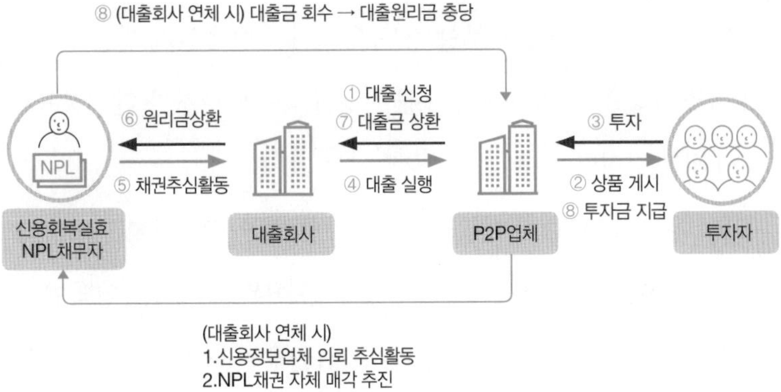

을 얻는 NPL업체들이 있다. 국내에서는 대신 F&I와 유암코가 대표적이며 최근에는 경제의 저성장이 고착화되면서 일반 증권사들도 이 시장의 잠재력을 높이 봐 뛰어들고 있다. 이번 장에서는 바로 이러한 NPL업체들이 은행 등의 NPL물량을 확보하는 데 필요한 자금을 대출해주는 P2P상품에 대해 이야기하고자 한다.

대출자인 NPL업체는 NPL채권 매입·매각 및 추심회수을 전문으로 하는 회사다. 이 업체는 현재 추심이 진행되고 있는 약 1,400여 건으로 이루어진 NPL채권을 P2P업체에 양도담보하는 조건으로 일반 투자자들로부터 펀딩된 금액 1억 원을 대출했다. P2P업체는 현재 추심이 진행되고 있는 해당 NPL의 추심 진행 현황을 분석해 향후 추심이 원활히 진행될지 판단한다. 아울러 만에 하나 NPL업체가 부도 등으로 P2P업체에 돈을 갚지 못할 경우, 양도담보 받은 NPL채권들에 대해 직접 추심을 하며 2차 매각을 진행함으로써 투자자 안전장치를 갖게 되는 것이다.

NPL은 어떻게 보면 여윳돈이 있어 예·적금이나 투자상품을 찾아다니는 일반 투자자들에게는 낯설고 좀 어두워 보이는 영역인 것이 사실이다. 예금이나 대출을 위해 제1금융권을 주로 이용한다는 것 자체가 본인 스스로 NPL을 만들어본 적이 없다는 의미이기 때문이다. 하지만 NPL은 항상 일정 비율 존재하며 NPL시장은 전체 경제의 자금 순환과 경제적 권리 관계의 회생을 위해서 반드시 필요한 영역이다. 여기에 더해 이를 이용해 수익을 거둘 수 있다면 이는 기존에 하던 투자와는 차별된 대체투자 영역이라 봐야 한다. 이제 일반인들이 직접 NPL을 사들여 재매각하는 것은 법으로 허용되지 않으니 이와 같은 P2P상품이 하나의 대안이 될 것이다.

하지만 NPL시장이 마냥 호황인 것은 아니다. 실제로 최근 구조조정 국면에서 물량이 꾸준히 늘어나고 있는 것은 사실이지만 시장 내 수익성이 떨어지고 있다. 만약 은행이 120억 원짜리 NPL채권을 매각하려 한다면 이를 사는 업체는 가급적 싸게 사야 마진을 많이 남길

수 있다. 그러나 NPL업체들 간의 경쟁이 심해지다 보니 경매에서 이야기하는 낙찰률이 계속 올라가 원 채권액에 근접한 금액으로 낙찰받아 실제로는 별 마진을 남기지 못하는 경우가 많다. 이는 사실 은행들이 내놓는 많은 물량이 담보채권 혹은 담보가 조금이라도 섞인 혼합채권이어서 그런 이유도 있다. 워낙에 은행 대출이 담보대출에 몰리다 보니 그러한 현상이 벌어진다고 보는 시각도 있다. 경매 절차를 진행하면 '담보가 붙은 NPL'은 회수 가능성은 크지만 수익률(NPL 업체가 차별적인 노력을 기울여 채권을 회수한 수고비로 보자)이 낮다. 반대로 통신사 통신요금 연체 채권 등 '담보가 붙지 않은 특수채권'은 회수 가능성은 적지만 수익률이 높다.

결국 이와 같은 P2P 대안상품이 많이 나오고 또 안정적으로 투자자에게 수익이 가려면 NPL업체들이 견실히 버텨주어야 하며 이는 곧 이들이 특수채권 분야로 많이 뻗어가야 함을 뜻한다. 아직은 NPL 시장은 변화하는 초입에 있다. 하지만 NPL시장의 성장이 계속되면서도 수익성은 줄어들고 있는 건 P2P투자자 입장에서 유심히 살펴야 할 사항이다.

PART

02

P2P투자자 이것만은 반드시 명심해야 한다!
- 수익이 있는 곳에 위험이 있다

P2P투자의 위험 요인들

누차 강조하지만 투자는 스스로의 판단하에 하는 것이다. 현명한 투자자와 그렇지 않은 투자자의 차이는 '본인이 하는 투자가 어떤 위험을 가지고 있는지를 미리 확인하느냐, 하지 않느냐'다.

위험을 미리 알면 몇 가지 좋은 점이 있다. 첫째, 위험이 닥쳤을 때보다 빠르고 적극적으로 대처할 수 있다. 투자의 담보물이 경매에 넘어간다면 그 시점에서의 재산정된 감정가와 낙찰률, 배당금 규모를 고려한 본인 원금의 상환 가능성에 대해 P2P회사에 집요하게 물어봐야 한다. 그래야 그다음 자금 운용 계획을 세울 수 있다.

둘째, 투자할 때 위험을 분산하는 노력을 할 수 있다. 내가 하는 모든 P2P투자가 특정 지역, 특정 종류의 건축물 담보에 집중되어 있다면 비록 건축 사업자가 다르더라도 이는 위험을 분산하지 못한 것이다.

셋째, 기존에 사례가 있는 위험이라면 안전장치의 구비 여부를 보고 어떤 P2P회사에 투자할지 혹은 투자하더라도 마음속에 어느 정도의 신뢰를 가지고 본인 자금을 운용할지를 결정할 수 있다.

사실 투자자 보호를 위한 안전장치는 어느 하나 비용이 아닌 것이 없다. 투자자 동의를 강화하려고 하면 전산시스템을 손봐야 하고, 신탁을 통해 자금을 관리하려고 해도 추가비용이 들며, 1년에 한 번 받을 감사를 두 번씩 받는 것 역시 비용이 들기 때문이다. 과연 어떤 업체가 기꺼이 이런 비용을 지불하면서 투자자의 신뢰를 얻으려 노력하는지 눈여겨봐야 한다.

허술한 내부통제가 가져온 재앙 - 렌딩클럽

2016년 5월 P2P업계에 충격을 가져온 큰 사건이 하나 있었다. P2P 대출업계의 선두주자인 미국 렌딩클럽의 대규모 대출 부실이다. 렌딩클럽의 창업자 겸 CEO가 2,200만 달러(한화 약 260억 원) 규모의 부실대출을 주선한 사실이 내부감사를 통해 알려졌다. 한때 렌딩클럽의 시가총액은 P2P사업의 성장 기대로 2014년 기업공개IPO 직후 최고 100억 달러(약 12조 원)를 상회하기도 하였으나, 부정 대출사건이 공개되자 주가는 기존의 약 46%선으로 순식간에 곤두박질쳤다. 결국

2017년 5월 시가총액은 약 22억 달러(약 2.5조 원)으로 추락했고 창업자 겸 CEO는 사임하기에 이르렀다.

렌딩클럽은 2006년 설립되어 업계에서는 그래도 꽤 유서 깊은 회사였지만, 경영자의 부도덕한 행위를 통제하지 못해 큰 오점을 남겼다. 금융기관의 허술한 내부통제는 세부 업종을 불문하고 항상 큰 사고를 가져왔다. 이 업체 역시 스스로 제어하지 못한 것이다. 결국 피해는 투자자와 대출자에게로 갔다. 과거보다 더욱 엄격해진 대출 심사 기준으로 대출이 가능한 사람 수는 줄었고, 대출을 원하는 사람이 지불해야 할 수수료 비용은 늘어났다.

렌딩클럽은 2016년 6월 새로운 CEO를 선임하고 재도약을 위해 뼈를 깎는 노력을 하고 있다. 2016년 한 해를 사고의 충격을 추스르는 데 보낸 렌딩클럽은 2017년 들어 새로운 시도를 통해 명성을 되찾으려 하고 있다. 미국 최대의 지급결제 서비스회사인 페이팔의 여신부문장을 영입하고, 자동차 할부금융 공동대출(큰 금액을 대출 받기 위해 두 사람이 공동으로 대출을 신청하고, 단독 신청 때에 비해 낮은 이율 부과), 개인에게 대출 채권을 묶어 2차 유통시키는 등의 다양한 신사업을 계획 중이다. 과연 렌딩클럽이 빠른 시간 내에 신뢰를 회복할 수 있을지 궁금하다.

그렇다면 이러한 내부통제 관점에서 우리나라에서는 어떤 업체를 눈여겨봐야 할까? P2P금융 중개는 전문성이 매우 높은 소수의 인원들이 심사 및 대출 의사결정을 수행한다. 그것이 투자자와 대출자에게 저비용으로 금융을 중개할 수 있는 본질적 이유 중 하나다. 그러나 심사 역량을 갖춘 인원이 2~3명 정도로 지나치게 적다면 동료가 하는 작업에 대해 소비자와 주주의 입장에서 건전성을 검토해주는 동료 간 검증peer review이 작동하기는 매우 어렵다.

기술의 발전 가능성은 앞으로도 무한하지만 최종적인 대출 의사결정에는 여전히 판단력과 같은 인적요인이 많이 작용한다. 또한 인원이 많다고 하더라도 개별적인 심사건을 독립적으로 결정하거나 창업자 혹은 CEO가 대출 여부의 실질적인 전권을 가지고 있다면 이는 위험하다고 볼 수 있다. 내부 투자심의위원회라는 장치를 제대로 운영하는 업체라면 사적인 이익 혹은 판단 오류에 따른 대출 실패는 상당 부분 걸러질 수 있다.

헬로펀딩은 내부적으로 투자심의위원회를 운영하는 P2P업체 중 하나다. 금융권에 오래 종사한 전문 인력들이 있어서 내부통제 필요성에 대한 인식 수준이 높고, 이것이 투자자들에게 어필할 수 있는 안전장치 역할을 한다.

투자금의 사기 모집 - e주바오

2016년 중국 P2P대출업체 e주바오e租寶는 90만 명으로부터 500억 위안(약 9조 원)에 달하는 투자금을 허위로 모집한 사실이 수사당국에 발각되었다. 글로벌 P2P대출시장을 견인하고 있는 중국에서 발생된 초대형 부정 사건으로 규제당국의 다양한 후속 대응에도 불구하고 여전히 투자자와 시장의 신뢰를 회복하지 못한 상태다. 실제 대출은 실행하지 않고 자금을 허위로 모집하는 일이 대규모로 발생한 것이다. 이 사건은 P2P라는 새로운 금융 환경에 기인한 것이 아니다. 아주 고전적인 사기수법으로 투자자 입장에서 크게 세 가지를 확인하지 않아 발생한 문제다.

첫째, 본인의 자금이 투입되는 프로젝트가 실제로 존재하는가? 둘째, 그 프로젝트와 자금을 보낸 P2P중개업체, 즉 나와 제3자 사이에 계약관계가 존재하는가? 셋째, 위 두 가지 조건이 충족하고 해당 프로젝트의 계획에 따라 자금이 착실히 투입되고 있는가?

이 세 가지 조건 중 어느 하나라도 완전하지 않다면 사고는 발생하며 이는 단순한 채무 불이행이 아니라, 사기를 당한 것이라고 봐야 한다.

그렇다면 이러한 관점에서 어떤 업체를 선택해야 할까? 투자자는 업체의 투자상품에서 위의 세 가지가 입증될 수 있는지 살펴봐야 한다. 첫째, 실제 프로젝트가 존재하는가? 이 관점에서 담보대출이 신용대출보다 안전하다. 제대로 된 업체라면 해당 담보물에 대한 제3의 감정평가기관의 평가서를 게시할 것이다. 개인 신용대출의 경우 개인정보 보호 때문에 정보 제공이 쉽지 않다.

둘째, 프로젝트와 P2P금융기관의 관계는? 둘 사이에는 돈을 빌려주었으며 어떤 조건으로 언제까지 갚겠다는 공증을 받은 계약서가 존재해야 한다. 그리고 이자와 원금을 수취할 수 있는 개개인 명의의 수익증권이 존재해야 한다.

셋째, 자금이 해당 프로젝트에 착실히 공급되고 있는가? 가장 신뢰할 수 있는 방법은 제3의 신탁기관에서 투자금을 모아두고 돈이 필요한 사람이 중간 중간 이행해야 하는 조건에 따라 필요한 자금만큼만 집행하는 구조다. 이는 P2P업체의 창업자나 CEO라도 함부로 건드릴 수 없는 돈이며 공사를 진행하지도 않으면서 돈을 받아 다른 곳에 쓰려는 건축주도 통제할 수 있는 방법이다.

실제로 오프라인에서 일반 빌라 건축, 소규모 주택 건축에서 흔히 자금 사고가 일어난다. 일반적으로 사금융, 지인을 믿고 하는 투자, 여러 기관, 개인으로부터 자금을 끌어다 쓸 수밖에 없는 복잡한 자금 융통 구조는 중소사업주와 투자자에게 계약구조를 따지는 일을 매

부동산 P2P투자의 구조

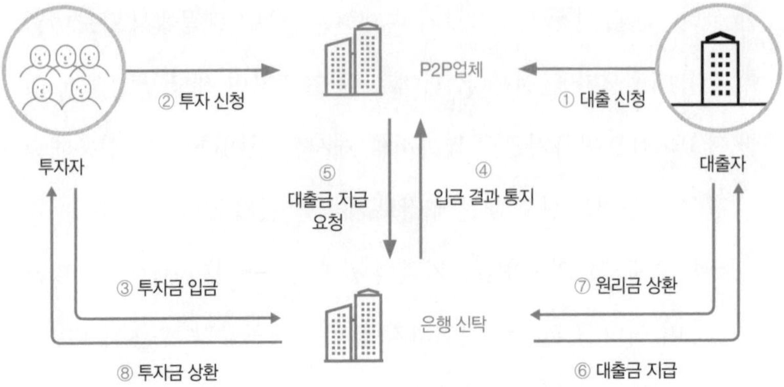

우 피곤하게 만들어 왔다. 그런 점에서 테라펀딩이라는 업체는 중소 규모 주택 건축 분야에서 신뢰를 형성하려는 노력을 체계적으로 하고 있다고 생각한다.

숙명적으로 늘어날 수밖에 없는 연체와 부실

2017년 5월 기준, 누적 대출금 상위 P2P업체들 대부분이 부실률 0~1% 대를 나타내고 있다. 분명한 사실은 이 수치가 앞으로 더 높아

국내은행의 부실채권 추이

구분	2012년		2013년				2014년				2015년		증감	
	2/4	4/4	1/4	2/4	3/4	4/4	1/4	2/4 (a)	3/4	4/4	1/4 (b)	2/4[1] (c)	연간 (c-a)	분기 (c-b)
부실 채권계	20.9	18.5	20.5	24.9	25.7	25.8	26.6	25.7	26.1	24.2	24.7	24.0	△1.7	△0.7
기업여신[1]	17.1	15.1	16.7	21.3	22.1	22.7	23.3	22.4	23.0	21.5	22.0	21.6	△0.8	△0.4
가계여신	3.4	3.2	3.6	3.5	3.5	2.9	3.1	3.1	2.9	2.6	2.5	2.3	△0.8	△0.2
신용카드	0.3	0.3	0.3	0.2	0.2	0.2	0.2	0.2	0.1	0.1	0.1	0.1	△0.1	△0.0
부실채권 비율[2]	1.49	1.33	1.46	1.73	1.79	1.79	1.81	1.73	1.72	1.55	1.56	1.50	△0.23	△0.06

1 공공·기타부문 포함
2 고정이하여신/총여신

단위: 조 원, %, %p

질 수밖에 없다는 점이다. 쉽게 찾아볼 수 있는 지표로 기존 전통 은행의 대출 부실과 연체율 지표가 있다. 상대적으로 안정성이 높은 대출건들에 대해 보수적인 심사 및 의사결정을 하는 은행의 경우도 연간 부실률고정이하 여신비율은 항상 1.1~1.7%로 나타났다. P2P업체의 대출 규모가 늘어날수록 최소한 이 정도 규모의 부실률로 수렴할 가능성이 있다. 오히려 대출이 가진 위험성향으로 봤을 때 이보다 더 높은 부실률로 평준화될 가능성이 크다.

이유는 크게 두 가지다. 업계 상위 P2P업체들은 심사력에 집중하기 위해서 특정한 영역의 대출에 초점을 맞춘다. 신생 업체가 부실을 낮출 수 있는 가장 바람직한 방법은 잘하고 잘 아는 것에 집중하는 것이다. 하지만 대부분의 업체들이 경영성과가 손익분기점을 달성하지 못할 가능성에 대비해 현재 집중하고 있는 영역의 취급 수를 늘리거나 혹은 새로운 영역으로 진출한다. 이 경우 기존의 잘 짜인 핵심 인력들과 방법론에 의해 발휘되던 심사력이 같은 수준으로 발휘되기 어려울 가능성이 크다. 물론 대출 사업 그 자체의 학습 효과가 있어, 취급 경험이 늘어나면 심사역량도 올라가는 것은 사실이다. 하지만 실제로는 '얼마만큼의 시간을 써서 위험을 걸러내느냐'에 성패가 달려 있는 경우가 많기 때문에 사업 확장 과정에서의 양적 부담은 대출건의 부실 가능성으로 이어질 수 있다.

다른 한 가지 가능성은 P2P업체 스스로 위험한 대출을 취급하려는 동기가 있을 수 있다는 것이다. 현재 대부분의 업체들이 벤처캐피탈의 투자를 받고 있는데 물론 일반 사모펀드보다 투자의 회임기간이 길고 더 참을성이 있다고 알려져 있지만 결국에는 사업의 수익성을 증명 혹은 가속화하라는 압박을 받게 된다. 이 경우 한정된 인력으로 대출건을 늘리기보다는 고위험·고마진의 대출을 취급하려는 시도가 있을 수 있다. 이 또한 앞으로 P2P업계의 부실과 연체가 적어도 지금 수준보다 확실히 높아질 수밖에 없는 요인이다.

장래 P2P업계가 어느 정도 안정화되었을 때 대출의 평균적인 부

국내 주요 저축은행 NPL비율 현황

구분	은행	고정이하 여신비율			
		2013년	2014년	2015년	격차
금융지주계열	NH저축은행	13.3%	11.9%	11.0%	-2.3
	신한저축은행	19.3%	12.6%	6.5%	-12.8
	하나저축은행	21.9%	13.7%	11.1%	-10.8
	KB저축은행	25.9%	19.0%	10.3%	-15.6
	BNK저축은행	8.9%	8.3%	5.2%	-3.7
	한국투자저축은행	14.8%	7.6%	4.4%	-10.4
*비금융지주계열	SBI저축은행	51.0%	32.4%	19.9%	-31.1
	OK저축은행	12.7%	7.2%	8.3%	-4.4
	HK저축은행	13.5%	13.8%	9.5%	-4.0
	웰컴저축은행	0.8%	7.1%	6.5%	5.7
금융지주계열		17.2%	11.7%	7.8%	-9.4
비금융지주계열		22.6%	16.5%	10.7%	-11.9
전체 평균		21.8%	15.7%	10.2%	-11.6

기준: 12월 말, 단위: %p
*자산규모 상위 4개 사 기준

실률이 어느 정도 될 것인가를 예측해보는 것은 개인투자자에게 매우 의미가 있고 중요한 일이다. 기존 저축은행을 이용하던 대출자들이 P2P금융업계의 주요 대출자임을 고려해보면 단서를 얻을 수 있다. 위 표를 보면 은행마다 차이가 있긴 하지만 2013~2015년 동안 고정이하 여신비율부실률은 10~21%에 수준이다. 지금 우리가 알고 있는 P2P업계의 부실률과는 상당히 차이가 있음을 알 수 있다.

이것은 P2P업계에 아주 큰 숙제가 있음을 의미한다. 인적역량에 기대기보다는 기술기반을 바탕으로 뛰어난 심사력과 위험관리력을 보여주지 않는다면 대출 문턱은 낮지만 위험한 투자수단으로 머무를 가능성이 있다.

그렇다면, 투자자들은 어떻게 해야 할까? 투자하는 대출 상품이 가지고 있는 위험요인을 정확히 알고 이를 꾸준히 분산하려 노력하는 것이 답이다. 사실 분산투자는 말처럼 쉽지 않다. 개인이 분산투자를 하려면, 여러 상품과 업체를 자세히 검토해야 한다. 여윳돈이 생겼을 때 어느 업체에서 10개월간 19.9%의 세전금리를 주는 2순위 혹은 3순위의 채권이 있다면, 어떻게 할 것인가? 모든 돈을 몰방하여 투자하기 쉽지만 그렇게 해서는 안 된다.

다음은 오랜 기간 시스템에 의해 위험관리를 이행하는 일반 은행들의 위험관리법을 살펴보고, 이를 개인이 P2P투자에 적용할 방법을 찾아보자.

업종별로 위험을 분산하자

은행은 매년 초 한 해 대출을 계획한다. 만약 올해 총 대출을 내주는 금액이 1,000억 원이면 개략적으로 조선업에는 얼마, 전자업에는 얼마 등 그 해의 경기 전망을 기초로 미리 대출 한도 금액을 정한다. 산업 편중 리스크를 얻지 않기 위해서다. 특정한 업종에 대출이 치우치는 것을 위험으로 간주하기 때문에 꾸준히 이를 분산시키려고 한다.

개인 P2P투자의 영역에서 업종 분류를 해보면 부동산 건축·분양업, 일반 자영업·상공업자들의 운영자금 대출과 관련된 소비재업 그리고 동산 담보와 주로 관련되는 식음료업 혹은 유통업 등이 있다. 이 중에서도 부동산업은 P2P대출 시장을 이만큼 성장하게 만든 밑받침이지만, 정부 정책에 의해 보통 5년 단위의 상승, 수축기를 거치는 경기에 매우 민감한 업종이다. 따라서 P2P투자 시 지나치게 한 가지 업종에 편중되는 것을 경계해야 한다.

대출 종류별로 위험을 분산하자

은행은 주택담보대출, 기업대출, 개인신용대출, 프로젝트 자금대출 크게 4가지로 대출을 분류한다. 맨 앞부터 대출상품의 마진이 적고 투자자 입장에서 금리는 낮지만 안정성이 높은 순서다.

그렇다면 P2P금융에서 큰 인기를 끌고 있는 중소형 빌라를 건축하는 건축주, 사업자에 대한 대출은 어떻게 분류할 것인가? 다른 종류의 부동산에 비해 분양 가능성이 크지만 은행이 말하는 주택 담보대출의 대상은 아파트가 대부분이다.

은행과 달리 P2P금융에서 중소사업주에 대한 대출은 사업성만을 보고 판단하는 것이다. 토지만 확보된 채 건물주택은 지어져 있지 않은 경우가 대부분이기 때문이다. 또한 프로젝트 자금 대출의 성격에 가깝고, 대부분 중소 사업자들이기 때문에 기업 신용등급을 매기기 어려워 개인신용대출의 성격도 함께 가지고 있다.

따라서 중소 빌라 건축 사업주에 대한 대출 이율이 보통 1순위인 경우 13~14%, 2순위인 경우는 19~20%까지 나오는 이유는 대출 자체가 갖는 성격이 담보대출보다는 프로젝트성 대출이기 때문이다. 너무 경계할 필요는 없다. 프로젝트 자금 대출이라 해서 고난도의 최신 공정을 장기간 적용해야 하는 산업단지 건설이 아니라 동네에서 흔히 보는 4~5층의 연립주택 건축이기 때문에 사업경험이 많은 사람들에게는 자금수급만 제때 된다면 준공 리스크는 상대적으로 적다.

아울러, P2P업체가 오랫동안 그 업계에서 사업 신용을 지켜온 사람들을 구분할 수 있다면 개인신용대출이 갖는 위험성도 생각보다는 크지 않을 수 있다. 그러나 일단 건물이 다 지어지고 분양이나 상업화가 되어야 자금의 숨통이 트이기 때문에 대출 시점과 사업 개시 시점이 벌어질수록 애초의 사업성 예측은 빗나갈 가능성이 크다.

그러니, 내가 투자하는 상품이 어느 한 영역에 치중되는 건 피하는 것이 좋다. 지나치게 자영업자들에게 하는 대출상품에 몰방할 필요는 없고 또 아파트를 담보로 하는 상대적으로 낮은 금리의 대출상품에 투자할 필요도 없다. 자나 깨나 분산, 또 분산만이 답이다.

업체별로 위험을 분산하자

P2P투자를 처음 하다 보면 아무래도 상품 설명과 안전장치가 익숙한 업체에 집중하여 투자하기가 쉽다. 은행도 주거래 은행이 있는 것처럼 말이다. 그러나 2017년 5월 말부터 시행된 금융당국의 가

이드라인에 따라 일반 개인투자자는 한 업체에 대출 잔액 기준으로 1,000만 원 이상을 투자할 수 없고, 개별 투자건에 500만 원 이상은 돈을 댈 수 없다. 본인이 여윳돈 5,000만 원을 가지고 P2P투자를 해 보려고 마음먹었다면 한 업체에 아무리 마음에 드는 투자상품이 많아도 마음대로 투자할 수 없다는 것이다. 이 가이드라인이 시행되었을 때 업계의 반발은 매우 심했다. 사실 1,000만 원, 500만 원이라는 기준이 매우 자의적이라고 볼 수 있고, 이제 막 꽃을 피워 대중화를 가속하고 있는 업계 입장에서는 이러한 규제에 불만이 클 수밖에 없다.

투자자의
체크
포인트

P2P업계의 규제 진화 방향성

금융사고가 나면 사회 전체에 미치는 파급효과가 크기 때문에 규제는 필연적이다. 투자금에 대한 총량적 규제는 예상된 결과이기도 하고 그 나름의 이유가 있다. 아직 업계에 확실한 성공모델이나 관행이 정착되지 않은 초기 단계이기 때문에 많은 투자금이 소수의 업체에 집중되는 것은 위험할 수 있다. 소비자 보호를 위해 불가피한 조치가 아닌가 하면서도 한편으로 이러한 규제의 대안으로 업체가 치러야 할 비용은 훨씬 더 클 것이라는 생각도 든다. 그 대안으로 투자에 있어서 본인확인, 위험고지 등 인증과 동의 프로세스를 까다롭게 만들 수 있다. 개인적으로 이 방향은 사실 핀테크라는 새로운 조류의 취지와 배치되는 것이라 바람직하지 않다고 생각한다.

또 하나의 대안은 P2P업체에 더 높은 자본금 축적을 요구하는 것이다. 금융사고가 발생해도 예비비 성격의 자금을 충분히 보유하도록 하여 고객에게 손실이 가지 않도록 하는 것이다. 단, 여기서 유의할 점은 돈을 빌린 사람의 부실로 인한 투자자의 피해는 대부업의 성격상 예비비로 보상되지 않는다는 것이다. 사실 이 규제는 현 P2P업체들이나 새로 진입하려는 업체뿐 아니라 P2P업체에 지분을 투자한 벤처캐피탈에서 더 극렬히 반대할 수 있다. 업체별로 수억 원을 더 증자하고 이를 계속 유지해야 하기 때문에 기회비용이 이만저만이 아닌 것이다.

하지만 궁극적으로 P2P업계가 커질수록 자본금 상향 규제는 필연적으로 도입될 것이다. 지금까지 은행, 보험, 증권 등의 금융업계에서 완충자본의 수준을 높이는 방향으로 진화되어 왔기 때문이다. 이러한 자본금 상향은 금융소비자와 시스템 보호라는 순기능도 있지만 한편으로는 신사업 추진이나 금융서비스의 사각지대 해소를 위한 새로운 서비스 제공 등 적극적 혁신 의지를 꺾는 부작용도 있다.

항상 금융기관은 매우 보수적으로 계산된 위험을 취해야만 한다. 하지만 미리 확보한 자본금 수준 내에서 움직이고, 더 증자를 하는 것보다 남들이 하는 일과 지금까지 해본 일에만 집중하게 된다면 핀테크가 갖는 혁신성은 소멸될 우려가 있다. 최근 미국에서 트럼프 대통령 당선 이후에, 2008년 금융위기 이후부터 은행의 자본금 규제 수준을 실질적으로 상향했던 법안의 완화를 시사하자 미국 은행권이 크게 반색한 이유도 여기에 있다.

2017년 2월, 트럼프 대통령은 2008년 금융위기 이후 은행들에 대한 규제를 강화한 도드-프랭크법의 재검토를 요구하는 행정명령에 서명했고 이 소식에 힘입어 은행주들은 일제히 상승세를 보였다. (중략) RBC캐피털마켓의 분석에 따르면 미국의 6대 은행은 당국의 기준을 웃도는 1,015억 7,000만 달러의 자본금을 구축하고 있다. 모건스탠리는 18개 대형은행이 쌓아놓은 자본금 규모를 1,200억 달러로 추정하고 있다. (중략) 대형은행들은 은행규제 완화가 이뤄진다면 잉여자본금을 줄여 배당금이나 자사주 매입에 사용할 수 있다. 특히 자사주 매입은 은행 주식을 보유한 투자자들에게는 반가운 소식이다.

출처: 〈연합뉴스〉 2017년 2월 6일

규제 수준이 높아지는 변곡점에 항상 금융위기나 1~2개 회사의 부주의에 따른 금융사고들이 있었다. 전 세계적인 금융위기와 같은 불행은 그 누구의 힘으로도 막을 수 없지만 부디 업계 스스로의 자정 노력으로 많은 잉여자본금이 불가피하게 쌓이는 상황은 오지 않았으면 한다.

앞으로 기대되는 P2P업계의 혁신 방향

특화 고객층을 잡아라!

해외 사례를 보면 특정 고객을 위해 개발된 P2P대출상품이 국내에서도 활성화되리라 기대할 수 있다. 미국의 경우 소상공인 특화 P2P대출 중개업체인 '온덱 캐피탈OnDeck Capital'이 대표적이다. 온덱 캐피탈은 가입 절차나 개인정보 입력 절차를 단순화해 10분 내에 이자율을 제시하고 당일 또는 익일 대출이 가능한 플랫폼을 제공한다. 2007년 설립된 이후 4만 여 명 소상공인에 대해 40억 달러(약 4.6조 원)에 상당하는 대출을 중개했다.

영국 P2P대출 중개업체는 고객층별로 대출상품이 특화되어 있다. 개인 신용대출Zopa, 개인 주택담보대출LendInvest, 소상공인 신용대출Funding Circle, 소상공인 무역금융MarketInvest, 소상공인 담보대출ThinCats 등 각각 특화된 고객층을 확보하고 있다.

P2P산업지형의 변화

그러면 새롭게 탄생할 P2P사업자들은 어떤 모습일까? 최근 〈월스트리트저널〉에서 바이두Baidu(중국 최대의 검색 포털)가 개인 신용대출을 골자로 하는 핀테크 사업 확장을 고려하고 있다는 기사가 나왔다. 바이두는 이미 결제 플랫폼 사업이 진행 중인데 여기에 크라우드 펀딩 기반의 대출 사업을 추가하겠다는 계획이다.

사실 이미 중국에는 우리나라 P2P스타트업과 같은 사업자 외에도 너무나 유명한 알리바바(중국 최대 인터넷 상거래 업체)와 텐센트(중국 1위의 온라인게임 사업자) 등이 인터넷 금융으로 진출한 상태며 이들의 시장지배력은 막강하다.

알리바바는 별도로 인터넷 금융 자회사인 앤트파이낸셜을 설립하고 대출상품뿐 아니라 고위험 투자상품 송금 서비스 등 가히 별도의 은행을 설립했다고 해도 과언이 아닌 사업을 하고 있다.

텐센트의 경우 온라인 뱅킹 자회사와 다수의 대출모집·중개 플랫폼을 통해 개인 신용대출 사업을 광범위하게 전개하고 있다. 이들이 성업함에 따라 중국 금융당국은 별도의 감독부서와 규정까지 제정하였다. 이미 이들 사업이 중국인들 경제생활에 미치는 영향은 빠르게 증가하고 있다. 2016년 기준으로 온라인을 통해 대출을 받은 중국 인구는 1억 명, 전체 인구의 약 7.5%에 달한다. 중국 온라인 대출시장은 앞으로 연 50%의 속도로 성장할 것으로 보인다.

물론, 중국은 우리나라보다 일반인들의 금융기관 접근성이 떨어지는 관계로 온라인 채널의 역할이 근본적으로 더 크다고 할 수 있다. 그렇지만 여기서 우리가 주목해야 할 점은 잘나가는 중국 3대 인터넷 사업자가 개인 신용대출 시장 부문에 진출하게 된 동기다. 이는 광범위한 고객 트래픽을 갖고 있는 사업자로서, 기존 사업에서 확장해 나가기 쉽기 때문이다.

이런 관점에서 앞으로 우리나라 P2P시장에 새롭게 등장할 회사들을 예측해보는 것은 재미난 일이다. 네이버, 카카오(이미 인터넷전문은행 출범), OK캐쉬백과 같은 각종 마케팅 플랫폼과 다수의 고객을 확보하고 있는 회사들이 그 후보가 될 수 있다. 이들이 P2P금융, 인터넷 금융에 진출하는 것은 규제만 완화되면 언제든 뽑아들 수 있는 카드가 아닌가 생각된다. 어쩌면 이러한 대형 사업자가 등장할 때 고객들이 더욱 다양한 투자 및 대출상품에 접근할 수 있으며 P2P업계가 성장하는 계기가 될 수 있다.

항상 대형 사업자가 어떤 산업에 등장한다고 해서 고객들에게 꼭 이로운 것만은 아니다. 시장지배력이 보이지 않게 남용될 경우 어쩌면 제1, 2금융권의 높은 문턱을 피해 찾아온 대출수요자들 혹은 안정적인 투자상품을 찾는 투자자들이 길을 잃을지도 모른다.

지금의 P2P업체 스스로의 힘으로는 대형 사업자의 모습을 빨리 갖추기는 어려워 보인다. 분명 언젠가는 대형 사업자가 등장할 것이다. 검색 포털 사이트, 메신저, 아니면 기존 P2P업체들의 연합, 기존 금융기관 등 누가 대형 사업자가 될지 흥미롭게 지켜볼 만한 일이다.

새롭게 등장할 P2P투자상품

앞으로 더 많은 자산관리상품이 등장할 것이다. 이는 중국에서도 나타났던 현상으로 개인 대출상품뿐 아니라 일종의 펀드 개념의 상품이 나올 것이다. 여기에는 다양한 채권이 혼합된다. 중소기업 신용대출상품에 개인 신용대출상품, 부동산 대출 등이 조합되는 형태로 이는 집합투자상품으로 분류될 가능성이 크고, 새로운 규제 절차를 따라야 할 것이다. 어쨌든 소비자들의 선택지는 넓어지니 환영할 일이다.

다른 하나는 해외에 있는 자산을 기반으로 한 대출·투자상품이다. 말하자면 해외 부동산 건축 자금 파이낸싱 혹은 기성 건물을 담보로 한 대출상품이 등장할 것이다. 아마도 대형 금융기관으로부터 출자를 받은 P2P업체는 주주 금융사가 선진국에 접근할 수 있는 자산을 기반으로 한 중위험·중수익 상품을, 자체 네트워크로 해외 부동산 시장에 접근한 P2P업체는 고위험·고수익 상품을 내놓을 가능성이 크다.

기준금리 인상과 P2P투자 - 도움이 될까? 해가 될까?

한국은행이 1년에 총 8번 정하는 기준금리는 시장 내 여러 이름들로 붙여진 금리에 절대적인 영향을 미친다. 간단히 말하면 대출자에게 적용되는 여신금리, 은행의 예금자에게 적용되는 수신금리가 가장 직접적인 영향을 받는다. 한편으로 수신금리가 올라가면 대안적인 재테크 수단들의 금리 또한 소비자들의 이목을 끌기 위해 올라갈 수밖에 없다. P2P투자자의 입장에서 표면적으로 보면 그리 나쁘지 않을 현상처럼 보이지만 몇 가지 주의사항을 소개한다.

우선 기준금리 인상의 배경에 주목해야 한다. 보통 기준금리 결정권을 가지고 있는 한국은행이 가장 관심을 가지는 것은 '물가'다. 물가가 너무 낮으면 경제 성장을 자극하기 위해서 돈의 가치를 떨어뜨려 사람들이 물건을 더 사게 만든다. 반대로 물가가 너무 높으면, 다시 말해 인플레이션 우려가 크면 경기과열의 신호로 받아들이고 금리를 높여 돈 쓰기를 주저하게 만든다.

한국은행의 금리 인상 가능성이 크다고 여겨지는 이유는 크게 세 가지다. 최근 경기가 좋아 인플레이션 우려가 있다는 것, 여기에 더해 미국이 계속 금리를 올리니 달러자산을 보유한 미국에 투자하는 것이 유리해지는 상황이 생기고, 국내 원화에 투자한 해외 자본들이 대량으로 빠져갔을 때 생기는 자본 시장 충격과 경기 둔화를 겁내고 있기 때문이다. 마지막으로 우려되는 수준의 가계부채 규모가 그 이유다.

우선 물가가 올라 대출금리도 오르고 P2P업체가 본인들 마진으로 온전히 이를 흡수하지 않는 이상, P2P투자금리도 오를 것이다. 그렇지만 이는 어디까지나 물가상승분만큼 기존의 투자금리를 올리는 것이어서 투자 환경이 좋아진다기보다 물가상승률에 뒤처지지 않은 데 필요한 조치이다. 주목해야 할 점은 가계부채 수준이 높아 전 금융권에 기준금리 인상에 따른 대출금리 상승 외에 여러 총량적인 대출 규제가 가해지고 있다는 것이다. 현재는 은행, 저축은행 등의 금융기관에만 적용되고 있지만 P2P산업이 성장하면 금융당국의 관심 또한 옮겨갈 수 있다.

이러면 사실 P2P투자자 입장에서는 걱정스러운 상황이 생긴다고 봐야 한다. 일례로 대환대출을 상환재원으로 하는 대출건이 P2P 상품의 많은 부분을 차지하고 있다. 이러한 브릿지론bridge loan은 높은 투자율을 내세울 수 있기 때문에 P2P투자자들의 많은 관심을 끌고 있다. 그렇지만 제1, 2금융권의 대출 금리가 높아지고 대출 총량 규제로 인해 대환대출의 문이 좁아지면 이러한 브릿지론은 그 규모가 자연히 줄어들 수밖에 없거나 그 위험성이 더 커진다고 봐야 한다.

다른 측면에서 긍정적으로 작용할 것으로 보이는 LTV 관련 사항이 있다. 시중 금융기관에서 LTV를 낮추게 되면, 자연히 P2P금융으로부터의 대출 수요가 커질 것이다. 즉, 원래의 담보가치와 금융기관에서 허락하는 대출 가능 금액 간의 간격이 커질 테니 자연히 P2P가 대출할 수 있는 여력은 확대되기 때문이다. 단, 시중 금융기관의 LTV가 장기간 하락한 상태에서 머문다면 이는 전반적으로 향후 해당 자산이 경매에 넘어갔을 때, 인정받을 수 있는 가치까지 끌어내릴 가능성이 크다. 그러니 마냥 좋아할 만한 일은 아니다.

마지막으로 가장 우려되는 것은 다중채무 리스크다. 다중채무자란 3개 이상의 금융기관으로부터 대출을 받은 사람을 뜻한다. 〈매일경제〉에 따르면 2017년 1분기 기준으로 다중채무자의 수는 385만 명에 이른다. 앞서 말한 이슈와는 또 다르게 금리가 인상되면 기존 채무 부담이 높아지고 연체와 부실이 도미노처럼 발생할 수 있다. 애석하게도 현재 P2P금융에서 개인 신용대출을 받는 많은 사람들은 다중채무자일 가능성이 크다. 금리가 올라갈수록 빚은 갚기가 더 어려워지니 그동안 P2P대출에 돈을 꼬박꼬박 갚던 사람도 타 금융기관의 채무 부담이 높아지면서 P2P대출 상환까지 어려워지는 경우가 발생한다.

P2P금융협회는 협회사들이 보유한 다중채무자의 대출 규모나 금리 인상 충격이 지속될 때의 위험 금액 등에 대해 객관적이고 자세하게 조사를 해야 한다. 현재 투자자의 눈에 보이는 것은 누적 대출 규모, 연체율, 부도율 정도다. 꼭 투자자한테 공개할 필요는 없지만 협회 차원에서 금리 인상 시 다가올 충격에 대한 대비는 필요하며 이를 통해 투자자를 보호하는 노력을 해야 할 것이다.

법인 및 기관투자자의 P2P투자 - 전주錢主로의 부상

긍정적인 변화도 눈에 많이 띈다. P2P투자업계를 초긴장으로 몰고 갔던 개인투자자의 P2P대출 가이드라인 도입의 한파는 이제 잦아든 듯하다. 업계가 크게 위축될 것이라는 우려와는 달리 오히려 순기능도 많이 나타나고 있다. 그중 하나가 법인 및 기관투자자의 부상이다. 이는 P2P업계가 지금까지 아주 큰 과오 없이 일정한 수익을 투자자들에게 돌려주면서 나름 성공적인 투자 성과를 증명했음을 뜻한다. 아울러 P2P업체 입장에서 적극적으로 거액 자산의 개인투자자들의 공백을 메우려는 노력의 결과가 합쳐져서 나온 성과다.

개인 신용대출 전문 P2P업체인 '8퍼센트'에 자금을 투입한 기업 중 일반 대기업도 있고, 은행예치금보다는 조금 더 위험을 부담하더라도 높은 이율을 좇는 일반 중소, 중견 기업도 있다. 하지만 이보다 더 주목해야 할 기관투자자들은 보험사, 자산운용사다. 이들은 오랜 기간 저금리 환경 속에 적지 않게 고전하였다. 보험사는 고객에게 받은 돈을 언젠가는 돌려줘야 할 부채로 가지고 있으면서 돈을 굴려야 하므로 과거 고금리였던 시기에 약속한 수익률 이상으로 자금을 운용해야 하는 부담을 가지고 있었다. 이러한 상황에서 저금리는 지속되었고 주식 투자와 같은 고위험 투자는 엄두를 내지 못하고 대신 부동산, 에너지 부문 등의 중위험·중수익의 대체투자에 관심을 가져왔다. 바로 그러한 대체투자의 일환으로 P2P투자에 관심을 가지고 뛰어드는 것이다.

그렇다면 P2P업체에 개인이 투자하는 상품과 법인 혹은 기관이 투자하는 상품 간의 차이가 있을까? 결론적으로 말하면, 법인이 투자하는 상품이 조금 더 세밀하게 설계되고 안정성과 수익성 균형이 우수하다. 제대로 된 법인투자자라면 혼자서 혹은 함께 다른 기관투자자와 힘을 합쳐 P2P업체에 협상력을 발휘하려고 할 것이다. 수익성, 안전보장 장치에 관해서 전문가의 눈으로 많은 것을 꼼꼼히 따지려고 하는 것이다.

또한 중장기적으로 운용될 수 있는 상품에 투자하려고 한다. 개인이야 이달에 생긴 쌈짓돈을 넣을 수 있겠지만 기관들 입장에서 적게는 수억 원, 많게는 수십억 원의 돈을 무계획적으로 투자할 수는 없다. 그러니 당연히 수익이 보장되는 가운데, 최소 6개월에서 2년까지 돈을 굴릴 수 있는 투자처가 있는 P2P업체를 선별해서 돈을 맡길 것이 분명하다. 우리나라 보험사들이 과거 쌓은 보험부채의 평균 이율이 5.5~7.5%임을 감안하면 이들 기관투자자들은 아무리 못해도 8~9%의 투자수익률을 기대하고 P2P업체에 자금을 댈 것이다.

결론적으로 말하면, 기관투자를 많이 유치하는 P2P업체는 개인투자자 입장에서도 타 업체에 비해 신뢰도가 높은 요인을 하나 가지고 있다고 봐도 좋겠다. 또한, 개인투자자 입장에서 총 20억 원을 모집하려는 상품에서 이미 법인투자자들이 예를 들면 15~16억 원을 투자하고 잔여액에 대해서 모집하는 상품인 경우 가급적 이에 투자하는 것이 다른 투자상품보다 더 좋은 선택이라 생각한다. P2P업체가 더 우수하게 상품을 설계했을 가능성을 배제하지 못한다. 사실 P2P업체도 일종의 대출·투자상품이라는 것을 설계하는 입장이라, 아무래도 자금이 풍부하고 지속적으로 공급된다면 이에 적합한 상품 개발에 일찌감치 심혈을 기울이고 상품 출시 후에도 더 열심히 관리하려고 할 것이다. 그러니, 개인투자자 입장에서도 기관투자자들이 P2P상품에 투자한다는 것은 매우 반가운 일이다.

온라인, 모바일 쇼핑커머스과 P2P금융의 만남

필자는 금융과 커머스 부문에 모두 발을 담근 몇 안 되는 인력이라고 자부한다. 앞으로 한국의 소비자 및 기업금융의 대격전지는 '커머스 플랫폼'이 될 것이다. 특히 온라인 몰에 입점한 셀러들은 그동안 제도권 금융사 입장에서 계륵 같은 존재였다. 온라인 셀러뿐 아니라 오프라인의 우수 소상공인, 자영업자들은 금융사에 큰 이익을 주지는 않으나 버리기는 아까운 존재였다. 우량 중소기업, 우수 소상공인 등에게 대출을 주고 싶어도 대출 심사하는 데 비용이 너무나 많이 들기 때문이다. 서류 수십 가지를 꼼꼼히 챙기고 자서를 받아야 하는 은행 입장에서 잠재적인 대출자들이 어떤 사람인지, 장사는 잘되는지를 일일이 따져보는 것은 정말 꿈같은 이야기다.

다시 말하지만 그렇다 해서 은행이 비난받을 일은 아니다. 예금자, 투자자의 돈이 안전하게 보호될 수 있도록 금융당국에서는 매년 높은 수준의 자본금을 확보하라고 요청하니 이들이 보수적으로 움직이는 건 어찌 보면 당연하다.

하지만 P2P업체들은 좀 다르다. 펀딩되는 자금의 요구 수익률이 8~15%에 이르니, 돈을 빌리려는 사람을 꼼꼼히 살펴봐야 한다. 앞서서 '펀다'라는 오프라인 소상공인을 고객으로 하는 전문 P2P업체를 소개했다. 분명 앞으로는 온라인 셀러들을 대상으로 한 P2P금융상품이 많이 나타날 것이다. 현재 시중에는 너무나 비효율적인 제2금융권 혹은 사금융권의 대안만이 존재한다. 추후 온라인 셀러들과 P2P업체를 연결하는 커머스 플랫폼들이 자리할 것이며 양자 간에 꼭 필요한 정보와 서비스가 오고가는 가교 역할을 하게 될 것이다.

아울러 커머스 사업이 돌아가는 구조를 조금만 이해한다면, P2P업체와 투자자 입장에서는 부도위험이 거의 없는 고수익·저위험 P2P투자상품 고안이 가능하다. 앞으로 온라인 셀러들에 특화된 P2P업체들이 더욱 많이 등장해서 사금융으로 내몰리는 셀러들이 줄어들기 바란다. 또한 셀러들은 이와 같이 절감된 금융 비용을 보다 우수한 상품을 만들거나 확보해 소비자들에게 혜택으로 돌리는 선순환이 빠르게 정착되길 기대한다.

문재인 정부의 부동산 대책과 P2P금융

문재인 정부는 부동산 투기 억제, 공급 증가, 대출심사 강화를 통한 부동산 시장 안정을 추진하고 있다. 과거 참여정부 시절에 세제와 분양가 상한제 등 인위적인 가격정책으로 시장을 규제하였다. 그러나 오히려 공급은 부족한 상황에서 실수요자나 투자자나 할 것 없이 조급증을 부채질해 아파트 가격의 기록적인 상승률을 가져왔다. 이번 정부에서는 가격정책보다는 대출 규제에 중점을 둘 것으로 보인다. 이 경우 P2P금융은 앞서 말했듯이 금융권의 담보인정비율이 떨어지면서 얻는 반사 이익을 누릴 가능성이 크다. 하지만 경매가치까지 하락하지 않을지 등이 관전 포인트가 될 것이다.

한편으로 부동산 투자가 간접투자 중심으로 흘러갈 가능성이 크다. 투기 억제는 곧 다주택자에게 높은 비용을 지불하게 함을 뜻한다. 하지만 대한민국 국민으로서 재테크 수단 중 부동산을 아예 배제하는 것은 어렵다. 결국 P2P투자 중 부동산 담보 대출, 건축 자금 프로젝트 파이낸싱으로 그 관심이 흡수될 것이다.

대한민국 부동산 시장은 소유개념이 아니라 공유나 임차, 사용의 개념으로 변해가고 있다. 부동산 투자 또한 미래의 불확실한 가치 상승을 염두에 두고 소유권을 얻기보다는 큰 리스크를 부담하더라도 부동산 자산을 소유하려는 소수의 사람을 위해 많은 개인이나 기관들이 간접투자 방식으로 자금을 지원하고 중위험·중수익 혹은 저위험·저수익을 얻어 가는 구조가 만들어질 가능성이 크다.

참고한 주요 P2P사 사례

- **시소펀딩** 캐슈넛 재고 담보 대출
- **팝펀딩** 의류, 잡화 등의 법인 담보 대출
- **키핑 펀딩** 동산시세조회 서비스; 포트폴리오식 투자
- **테라펀딩** 지방 위주의 빌라 특화된 투자상품
- **루프펀딩** 대치동 학원가 건축 상품; 운전자금 담보 대출
- **빌리** 주상복합상가 건축 파이낸싱; 공사진행 현황 보고, 물건의 존재를 입증하는 각종 증빙서류들
- **투게더펀딩** 아파트 담보 대출
- **루트에너지** 태양광 발전 담보 대출
- **피플펀드** 사업자, 법인 매출 채권 담보 대출
- **펀다** 사업자, 법인 신용 대출
- **펀디드** 담보 및 신용 복합 대출
- **헬로펀딩·테라펀딩** 내부 통제 및 위험제어

PART

03

알고 투자할 때 더 재미있다!
高위험 투자 - 블록체인과 가상화폐

주요 가상화폐에는 어떠한 것들이 있을까?

가상화폐를 바라보는 세 가지 관점

가상화폐에 대한 관심이 어느 때보다 뜨겁다. 이같은 가상화폐를 바라볼 때, 크게 세 가지 관점이 필요하다.

첫째는 지불 및 교환수단으로서의 쓰임새다. 중앙은행이 발행하는 화폐처럼 일상생활에서 비트코인의 쓰임새는 온라인과 오프라인에 걸쳐 확대되는 추세다.

둘째, 비트코인의 근간을 이루는 블록체인이라는 기술적 관점이다. 블록체인은 많은 장점을 가진 기술적 혁명으로 평가받고 있고, 블록체인의 확산은 곧 비트코인과 가상화폐에 대한 사회적 관심의 증대를 가져올 것이다.

마지막으로, 가장 중요한 투자자산으로 바라보는 눈이다. 여느 투자자산이 그러하듯 장래의 가치에 기초해 사람들은 비트코인을 사고판다. 화폐로서의 가치와 그 기반기술의 활용이 늘어날수록 가상화폐가 갖는 가치와 그 안정성은 높아질 것이다. 사실 그동안 가상화폐는 매우 높은 변동성 탓에 많은 오명을 남겼다. 앞으로도 변동성이라는 성장통은 숙명처럼 짊어지고 가겠지만 장기적인 가치 상승이 전제된다면 적극적으로 이해하고 활용할 방법을 찾아보는 것은 어떨까? 이번 장에서는 가상화폐의 등장 배경에서부터 기반기술의 확산 전망과 투자자산으로서의 접근법에 대해 골고루 살펴본다.

디지털 가상화폐의 종류는 무궁무진하다고 볼 수 있다. 단순히 현재 가상화폐의 수가 700여 종이나 되기 때문이 아니라 미래에 그 종류가 늘어나는 데 기술적 제약이 없기 때문이다. 문제는 '해당 가상화폐의 기반기술이 얼마나 잠재력이 있는가'와 '거래수단으로서 법적·제도적으로 인정받을 수 있는가'이다. 이것이 해당 가상화폐의 발행량 및 거래량을 좌우하게 될 것이다.

지금부터는 가상화폐 중 국내 언론에 많이 회자되고 있는 비트코인Bitcoin, 이더리움Etherium, 이더리움 클래식Etherium classic 이 세 가지를 중점적으로 살펴보겠다.

비트코인은 현재 가상화폐 중 가장 안정성이 높고 투자자산으로서의 거래량도 많다. 국내 주요 비트코인 거래소 코빗Korbit은 비트코인을 P2P개인 대 개인와 암호화 기술에 기반한 디지털 가상화폐로 설명하고 있다.

일반적인 금융거래는 은행이라는 중앙 발행 기관이 모든 금융 거래를 대리하며 거래들을 장부에 기록 및 추적하는 과정을 통해 이루어진다. 그러나 비트코인은 개인 간 거래에 기반을 둔다. 비트코인의 발행과 거래는 중앙 기관이 필요하지 않고 존재하지도 않는다. 비트코인은 거래하는 모든 사람들의 장부렛져, ledger에 동시에 기록되어 누구라도 이를 조회할 수 있기 때문이다.

거래의 안전성을 담보하는 것뿐만 아니라 사람들이 마음 놓고 거래를 하려면 암호화 기술이 필수적으로 뒤따라야 한다. 자신의 거래 내역이 전 세계에 공개되는 것을 반길 사람은 아무도 없다. 따라서 거래 사실은 거래에 참여하는 모든 사람에게 동시에 기록, 공개되지만 그 거래의 당사자가 누구인지 알 수 없도록 암호화가 필요한 것이다. 또한 거래 사실을 임의적으로 위조, 변조할 수 없어야 한다.

최근 이더리움 혹은 이더리움 클래식이 언론에 자주 등장하고 있다. 이 또한 가상화폐의 일종으로 개인 간 거래peer to peer 및 암호화해쉬 기술에 근간을 두고 있다. 그 개념은 일반인이 이해하기에는 다소 어렵다. 이더리움은 여러 스마트계약들이 구동되는 분산 플랫폼으로 정의된다. 스마트계약은 중단, 감시, 사기 또는 제3자 개입의 가능성

없이 설계된 대로 정확하게 구동하는 일종의 응용프로그램이다. 이 같은 응용프로그램들은 고유하게 설계된 블록체인상에서 실행되며 비용 발생 없이 가치를 이전시키고 자산의 소유권을 표시할 수 있는 매우 강력하고 지속적인 공유형 기반기술로 정의되고 있다. 채무 또는 계약의 기록 일체를 안전하게 저장할 수 있고, 아울러 과거에 합의된 약속(유언 또는 선물 계약 등)에 따라 자금을 자동적으로 이동할 수 있다. 이 외에도 아직 고안되지 않은 많은 것들이 미들맨middleman의 개입이나 계약상대가 초래할 수 있는 위험을 부담하지 않고도 가능해질 것이다.

이더리움은 바로 이와 같은 분산 저장, 거래 플랫폼을 개발하려는 전 세계 개발자들의 프로젝트를 뜻한다. 이더리움 프로젝트는 2014년 8월 전 세계 수많은 지지자들에 의해 크라우드펀딩을 통해 시작되었다. 스위스 소재 비영리단체인 이더리움 재단이 개발을 주도하며 전 지구적인 재능 공헌이 이뤄지고 있는 상황이다.

투자자의
체크
포인트

이더리움

이더리움ETH, Ethereum은 러시아 출신 캐나다인 비탈리크 부테린이 2014년 개발한 가상화폐다. 삼성SDS를 포함한 글로벌 대기업들이 이더리움에 기반한 기업용 블록체인 연합체 엔터프라이즈 이더리움 얼라이언스EEA에 합류한 사실이 알려지면서 가격이 급등했다.

이더리움은 비트코인에 적용된 '블록체인'과 이보다 더 앞선 기술인 '스마트 계약'까지 적용돼 현재 가장 주목받는 가상화폐로 떠올랐다. 스마트 계약은 미리 지정해놓은 특정 조건이 일치될 때 자동으로 계약이 실행되는 프로그램으로 주식 거래 등 다양한 분야에 활용될 수 있는 기법이다.

원조는 누구? 이더리움 VS. 이더리움 클래식

조금 더 자세히 들어가 보자. 이더리움은 '이더'라는 가상화폐를 사용하는데 이더는 분산 애플리케이션 플랫폼인 이더리움을 운영하기 위한 필수적 요소다. 고객들이 플랫폼상에서 요청한 동작 기능을 실행하는 기계나 프로그램에 대가를 지불하는 방식으로 사용된다. 한편으론 개발자들로 하여금 보다 수준 높은 애플리케이션을 창작하게끔 하는 인센티브 역할도 한다. 이더리움이 공개한 플랫폼 성능이 확인됨에 따라 발행된 이더의 달러 환산 총액은 2016년 1월 기준 7,000만 달러에서 2016년 3월 10억 달러로 크게 상승했다. 하지만 여전히 그 총 발행량이 제한되다 보니 가격 변동성이 큰 비트코인보다 더욱 급등락이 심한 투자자산이라는 것을 명심해야 한다.

한편 이더리움 클래식ETC은 이더리움으로부터 우연히 생성된 일종의 파생 가상화폐라고 볼 수 있다. 뒤에 클래식이라는 말이 붙어서 마치 이더리움의 오리지널 버전으로 오해하기 쉽지만 실상은 이더리움에 가해진 해커의 공격을 계기로 만들어진 특이한 탄생 이력을 가지고 있다.

이더리움 클래식은 이더리움의 하드포크Hard Fork로 발생한 또 다른 블록체인이며 그 블록체인상의 화폐 단위다. 블록체인은 말 그대로 블록들이 연결된 상태로 하나의 체인을 형성하며 이어진다. 블록이 동시에 생겨날 경우 '더 긴 체인 우위'라는 알고리즘을 바탕으로 이 하나의 체인은 거래내역을 무결하고 단일하게 보존하게 된다. 비트코인은 2009년 가동된 이래 지금까지 하나의 블록체인을 유지해오고 있다.

이더리움의 경우 잘못된 거래기록을 무효화하기 위해 여러 커뮤니티와 이더리움재단의 결정으로 '하드포크'를 단행했다. 하드포크란 인위적으로 블록체인을 분절하는 작업으로 이를 통해 이더리움은 기존의 체인에서 새로운 체인으로 분절하게 되었다. '잘못된 거래기록'을 무효화시킨 새로운 장부로 마이너들과 이용자들이 업데이트를 단행한 것이다. 계획대로라면 하드포크 이후 기존 체인은 소멸되어야 했다. 그런데 하드포크에 반대 입장을 표명해 온 마이너들과 이용자들이 기존의 체인을 업데이트를 하지 않고 잔류하며 블록을 계속 생성했다. 그에 따라 이더리움은 두 개의 체인으로 나뉘게 되었다.

하드포크로 인해 두 개의 체인이 공존하게 된 상황은 암호화화폐가 만들어가는 경제구조의 역동성을 잘 드러낸다. 기존의 이더리움 체인인 이더리움 클래식이 당초의 예상과는 달리 살아남게 되자, 시장 역시 빠르게 반응했다. 거래소들이 이더리움 클래식ETC을 종목으로 추가하기 시작했고, 보유 중이던 이더리움 하드포크ETH만큼의 이더리움 클래식ETC를 보유하게 된 사람들 역시 새로운 자산을 거래하기 시작했다. 이 모든 일들은 어떤 제도적 통제나 법률적 강제 없이 모두 자율적으로 벌어졌다.

두 개의 블록체인이라는 초유의 사태가 향후 어떻게 전개될지는 아무도 모른다. 다만 왜 그동안 ETH가 기대를 모으며 유망한 자산으로 성장했는지, 그 본질을 돌아볼 필요가 있다. 이더리움은 블록체인의 가장 차별적인 기능 중 하나인 스마트 계약에 최적화된 플랫폼으로 기대를 모았고, 그것이 ETH 신뢰의 기초가 되었음을 부인하기 어렵다. 처음 등장 당시의 비트코인이나 최근 ETC에서 보듯이 거래기록이 블록체인에 보존되고, 많은 사람들이 그것에 가치를 부여하며, 거래소들이 그 자산을 종목으로 편입시키면 블록체인 기반 자산으로서 최소한의 요건은 갖추는 것으로 볼 수 있다.

'기반으로 삼고 있는 기술과 플랫폼이 얼마나 잠재력을 갖고 있느냐'가 앞으로의 가능성을 판단하는 중요한 기준이 될 것이다. 이렇게 본다면 이더리움 플랫폼의 기술 지원을 받지 못하는 이더리움 클래식ETC의 미래는 그리 밝지만은 않다고 볼 수 있다.

결론적으로 거래의 안정성은 세 가지 화폐 중 비트코인이 가장 크고, 이더리움 클래식이 가장 작다. 이것은 곧 화폐의 발행량 및 일상생활에서 거래수단으로서 인정되는 정도, 거래소에서의 거래량과 비례한다. 바꾸어 말하면 이더리움 클래식이 가장 급변동성이 높은 투기적 자산의 성격을 가지고 있는 것이다.

이 책에서는 거래 및 투자수단으로서 안정도가 다른 가상화폐에 비해 높은 비트코인에 대해 중점적으로 다루고자 한다.

비트코인은 어떻게 탄생되었나?

수학·컴퓨터 천재들의 경제개혁을 위한 계획적 반란

비트코인은 2009년 1월 3일 사토시 나카모토가 개발한 세계 최초의 암호화폐crypto currency다. 사실, 사토시 나카모토라는 이름은 비트코인의 연원을 추적할 때 항상 등장하는 이름이다. 하지만 이 인물이 실재하는지는 뚜렷이 밝혀지지 않았다. 한 개인이라는 이야기부터 다수의 사람이 가상의 인물을 내세운 것이라는 등 추측만 무성하다.

기존 화폐와 달리 정부나 중앙은행, 금융기관의 개입 없이 개인 간의 빠르고 안전한 거래가 가능하며 금처럼 유통량이 한정되어 있다는 것이 특징이다. 향후 100년간 발행될 화폐량이 2,100만 개로 미리 정해져 있다. 2017년 2월까지 약 1,610만 개 정도가 발행되었으니 약 500만 개가 더 발행될 예정으로 봐야 한다.

이처럼 한정된 유통량을 갖는 화폐가 고안된 배경은 단순한 호기심에 의한 연구 혹은 경제적 부조리 현상을 타파하려는 천재들의 사고가 그 동기이다. 1998~2000년대 초반까지 일부 국가의 급격한 통화가치 하락을 시작으로 야기된 아시아 및 남미 아르헨티나의 경제위기, 2008년 미국의 서브프라임 모기지 사태의 달러통화를 통한 타 지역으로의 전이현상 등에 이들은 주목했다. 국가가 통화량을 자의적으로 조절함으로써 생기는 폐해가 적나라하게 드러난 것이다. 즉 기존의 화폐가 국가에 의해 통제되면서 환율조작이나 양적완화, 금리조정 등과 같은 정책이 개인이나 이웃국가들에 피해를 주는 경우가 많이 있었다. 기존의 화폐는 정부의 이해관계에 따라 가치가 조작될 리스크에 항상 처해 있으며, 여기에서 벗어날 수 없었다.

이와 같은 배경을 고려해보면 아마 사토시 나카모토는 가상화폐라기 보다는 대체화폐의 필요성을 느꼈던 것 같다. 따라서 비트코인은 특정한 이해관계가 아니라 자발성에 기반을 두고, 정해진 알고리즘에 따라 생산되며, 그 생산량도 정확하게 예측이 가능하도록 만들어졌다. 한국조폐공사 윤전기에서 찍어내는 방식으로 돈이 발행되는 것이 아니고, 복잡한 수학 문제를 풀 때마다 화폐 공급량이 늘어난다. 물론, 이 문제를 푸는 과정에는 누구나 참여할 수 있다. 발행주체에 의한 통화 가치 조작 문제에서 자유롭다는 점은 비트코인이 갖는 큰 매력이다.

이처럼 매력적인 새로운 교환수단을 컴퓨터 전문가 외에 처음 사용한 이들은 범죄 집단이었다. 그 뒤를 이어 비트코인을 돈벌이로 생각하는 투기 집단이 있었는데 이는 재밌게도 인터넷이 세상에 등장했을 때 벌어졌던 현상과 많이 비슷하다.

인터넷이 처음 등장했을 때, 일부 컴퓨터 전문가들 외에 불법적인 정보를 유통하려던 집단들이 인터넷을 애용했다. 나중에는 인터넷이라는 신기술문명을 놓고 거대한 거품을 일으켰다가 한순간에 가치가 폭락하는 닷컴붐dot com boom 현상을 겪었다. 그러나 인터넷은 전 세계적으로 꼭 필요한 문명으로 자리를 잡았고 이러한 인프라를 이용한 일상생활과 비즈니스, 투자 기회는 계속 확대되고 있다. 물론 범죄에도 지속적으로 이용되는 어두운 면도 존재한다. 진정으로 인류의 삶의 일부가 된 것이다. 비트코인도 비슷한 궤적에 있다고 하면 억측일까?

비트코인은 어떻게든 제도권으로 데뷔하기 위해 부단한 시도를 하고 있다. 2017년 3월, 달러로 환산된 비트코인의 가치가 역대 최고를 기록한 적이 있었다. 바로 비트코인을 기초자산으로 하는 ETFExchange Trade Fund, 상장지수펀드를 만들어, 일반 투자자들에게 금융상품으로 판매하는 것을 허용해달라는 청원이 미국 증권거래위원회SEC에 제출되었기 때문이다. 미국 증권거래위원회가 이를 허용하면 비트코인은 주식처럼 명실공히 대중적이고 공인된 투자 거래 자산으로 인정받음을 뜻한다. 애석하게도 미국 증권거래위원회는 비트코인 거래의 익명성이 가진 위험성을 근거로 시기상조라고 판단하여 이 청원을 허락하지 않았다.

그러나 비트코인과 블록체인이 갖는 매력은 지속적으로 부각될 것이고 제도권으로의 수용 가능성은 높아질 것이다. 과거 비트코인은 불법자금거래 등 규제 회피용으로 활용되었지만 이제는 지불수단으로서 수수료가 거의 없는 국경 간 송금수단으로서 자리매김하고 있고, 투자자산으로서의 가치 또한 크게 주목받고 있다. 비트코인이 어떻게 우리 실생활에서 활용되고 있는지 화폐로서의 효용성에 대해 먼저 이해해보자.

비트코인

블록체인을 기반기술로 하는 화폐 혁명

블록체인은 비트코인의 기반기술이다. 비트코인의 투자 및 거래 가치에 어떤 일이 벌어져도 블록체인은 금융업계 역사상 가장 혁명적인 발명품으로 남을 것이라는 데 전문가들은 토를 달지 않는다. '거대한 분산 장부Ledger' 혹은 '온라인 공공거래 장부'로 불리는 블록체인은 '기록'에 관한 기술이라고 전문가들은 설명한다. 이 기술은 모든 기록을 암호화해 네트워크 참여자들이 공유함으로써 검증과 확인 절차를 단순하게 만들어준다. 특히 참여자와 기록을 계속 추가하고 해킹과 조작이 불가능한 구조를 확보하여 보안성과 효율성이 뛰어나다.

블록체인 컨셉을 상업화한 최초의 회사는 IBM이었다. IBM은 이를 회계 부분에 적용한 소프트웨어를 만들어 판매했는데, 그 명칭이 '공유된, 분산된 장부Shared, distributed ledger'로 붙으면서 블록체인은 분산장부 기술과 같은 좀 어색한 어감으로 회자되고 있다. IBM이 고안한 소프트웨어는 한 회사 내의 관련자 누구나 동시에 공통의 엑셀 스프레드 시트에 접근해 수정 및 공유할 수 있다. 작업의 효율성은 물론 도난 혹은 해킹되어 발생하는 보안 사고를 방지할 수 있다.

좀 더 쉽게 이해하기 위해 단체 카톡방에서 의사결정을 위해 나누는 대화를 생각해보자. 누가 무슨 이야기를 하는지 모두가 실시간으로 알 수 있고 그 이야기는 모두 기록으로 남는다. 그리고 이 단체 카톡방의 메시지들이 만약 자동 스크린 캡처 기능을 통해 개개인의 스마트폰에 저장된다면 어느 서버가 파괴된다고 해도 기록은 모두 보존되는 것이다.

이제 블록체인은 한 회사를 넘어서 서로 다른 금융기관이나, 사업주체들 간의 공유, 분산된 장부로 진화하고 있다. 블록체인 기술이 적용될 경우, 미국 월가 금융권의 연간 비용 중 수십억 달러를 절감할 수 있다는 추측도 있다. 블록체인을 금융권에 적용한다는 것은 같은 데이터베이스와 기록체계를 공유하고 서로 연결된 컴퓨터 집합체를 구축하는 것이라고 보면 된다.

액센츄어(미국의 다국적 경영 컨설팅 기업)에 따르면 블록체인 기술 적용은 2025년이면 보편화될 것이며, 전 세계적으로 약 우리 돈 10조 원의 연간 금융거래 비용이 절약될 것으로 예상된다. 가장 최근에는 이더리움 얼라이언스가 형성되어 제이피 모건 체이스뱅크, 뉴욕 멜론

은행 결제·청산시스템 진화

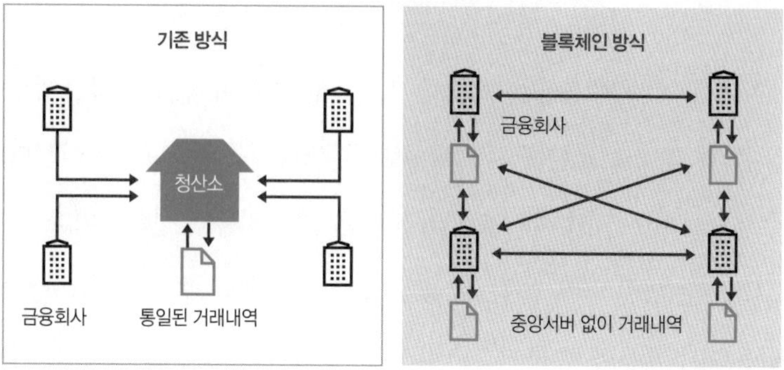

뱅크, 마이크로소프트사, 인텔, 스페인의 산탄데르 은행이 이 기술을 실제 은행 운영에 적용하기 위해 노력 중이다. 노력의 핵심은 분산, 공유된 장부 기술로서 수많은 은행 간 거래기록을 미들맨이나 제3자에게 감독 및 관리하도록 맡기는 비용을 제거하겠다는 것이다.

항상 기술의 진보는 뚜렷한 가치를 만들지는 못하면서 오히려 거래 비용과 리스크를 초래해왔던 미들맨들이 설 자리를 없앴다. 사라진 직업들을 살펴보면 이 말이 틀리지 않다는 사실을 알 수 있다. 버스 안내원이 그랬고 앞으로는 은행 직원, 보험설계사 등 금융거래와 관련한 많은 직업들이 위협받게 될 것이다. 소비자들이 추구하는 비용 효율성과 극단적인 편의성이 이러한 흐름을 가속화하고 있다.

블록체인을 활용한 값싸고 빠른 해외 송금

비트코인 해외 송금은 원화를 비트코인으로 바꿔 해당 국가에 송금한 뒤 화폐로 교환해 지정계좌로 입금하는 방식으로 이루어진다. 무엇보다 비트코인 해외 송금의 장점은 낮은 비용과 신속성이다.

기존 은행은 국제 은행 간 통신 협회SWIFT망을 통해 중개은행을 이용하기 때문에 송금에 2~3일 가량이 걸린다. 수수료는 송금수수료에 전신료와 해외은행 수취수수료까지 더해져 송금액의 4~6%에 달한다. 그러나 비트코인을 이용하면 수수료율은 1%대로 낮춰지고 하루 만에 송금이 가능하다.

그럼 현재 우리가 익숙한 은행을 통한 해외 송금 방식은 어떠한지 살펴보자. 사실 그동안 스위프트SWIFT방식의 전통적인 해외 송금은 여러 단계의 수수료 수취로 금융소비자들로부터 원성이 자자했다. 은행 송금 수수료의 비밀은 낡고 복잡한 송금 업무 체계에 숨어 있다. 스위프트는 이른바 '은행 간 전신 송금 체계'라고 불린다. 국내는 물론 해외 은행들도 모두 함께 이용하는 세계 공통의 시스템으로 1973년에 정착돼 지금까지 그대로 이용되고 있다. 원리는 옛날 우체국에서 전신환電信換을 만들어 송금하던 것과 같다.

우선 국내 A은행에 100달러의 송금 요청이 오면, A은행은 이를 돈

현재 해외 송금 절차 및 비용 발생 구조

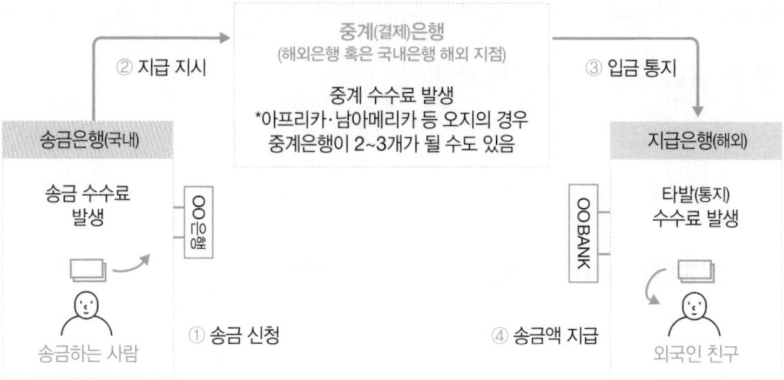

을 중계해 줄 외국의 중계은행(B은행)에 전신환으로 보낸다. 그러면 B은행은 이 전신환을 송금 받을 사람에게 지급해 줄 외국의 지급은행(C은행)으로 전달한다. 전신환을 최종적으로 받은 C은행은 전신환에 적힌 액수의 돈을 받을 사람의 계좌에 넣어준다.

전신환은 스위프트라는 국제 금융 통신망으로 전송한다. 하루 8시간 정도 운영되는 은행을 최소 3곳 이상 거치다 보니 운 좋으면 하루, 길게는 3일 이상 걸린다. 금융관계자는 "이런 업무 방식은 1871년 미국 전신회사 웨스턴유니온이 처음 전신환 서비스를 선보인 이후 본질적으로 변화한 것이 없다"고 말했다. 지구 반대편의 사람과 화상 통화가 가능한 시대에 140여 년 전에 발명된 기술을 적용한 시스템을 38년간 그대로 사용한 셈이다. 항상 불편함이 오래 쌓이면 이를 해결하는 혁신이 등장한다. 해외 송금 방식에 비트코인을 매개로 한 큰 변화가 올 것이 분명하다.

신청하지 않아도 산정, 지급되는 보험금

블록체인 기술은 보험소비자의 편의 또한 증진시킬 수 있다. 복잡하고 성가신 사고 신고나 비용 등에 대한 증명서를 떼고 팩스를 보내는 번거로움이 사라지는 것이다. 보험가입자가 병원 진료를 받은 뒤 따로 보험금을 청구하지 않아도 보험사가 알아서 보험 가입 정보와 진료 기록을 확인해 계좌로 넣어준다. 실손보험료를 받기 위해 추가 비용을 내고 진단서 등 증빙서류를 발급받아 팩스 등을 이용해 보험사에 내야 했던 기존 가입자들의 불편함이 모두 사라지게 될 것이다.

이와 같은 서비스 제공이 가능해진 것은 블록체인 기술 덕분이다. 굳이 블록체인이 아닌 현행 기술로도 보험금 청구 절차를 자동으로 바꿀 수는 있지만 이렇게 하면 거래 과정에서 보험 계약과 진료 내역 등 민감한 개인정보를 어떻게 지킬 것이냐는 문제가 생긴다. 아예 서버 역할을 하는 제3기관에 정보를 저장하는 방법도 있지만 시스

블록체인 기반 실손 보험금 수령 흐름도

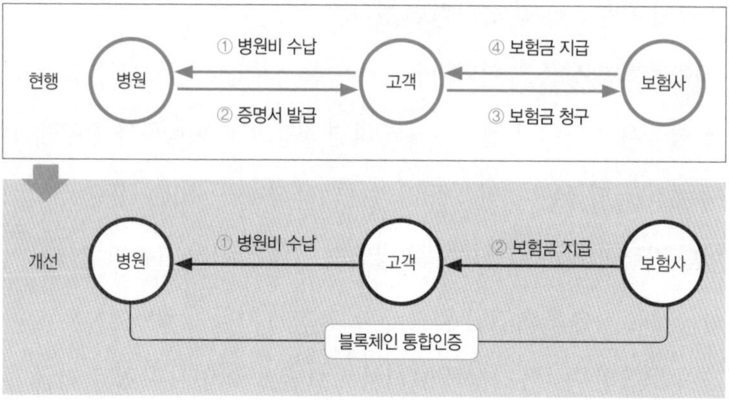

템 구축에 막대한 비용이 들고 혹시 해킹을 당할 경우에는 개인정보가 유출될 수 있다. 블록체인 기반의 서비스가 도입되면 그간 귀찮다는 이유로 가입자들이 잘 청구하지 않았던 소액 보험금 지급이 크게 늘어날 수 있다. 보험사 입장에서도 보험금 지급 심사에 드는 시간과 비용이 줄어드는 효과가 있다.

이미 유럽에서는 블록체인 기술을 적용한 다양한 서비스가 활발히 운영되고 있다. '인슈레스InsurETH'라는 유럽의 핀테크 스타트업은 항공기가 지연되거나 결항될 때 고객에게 보험료를 지불하는 서비스를 제공한다. 항공기 지연에 관한 보험 가입 절차는 매우 간단하다. 본인의 비행기 번호를 입력하고, 이착륙 일시를 확인한 뒤 가상 화폐인 이더ETHER를 송금하면 된다.

해당 보험 상품은 이더리움이라는 블록체인 분산 플랫폼을 이용해 항공기 연착이나 결항이 발생하면 자동으로 보험료가 청구돼 고객 계좌로 입금된다. 자동차 사고는 피보험자가 사고 내용을 신고해야만 관련 절차가 시작되지만, 항공기 지연은 여러 기관의 플랫폼이 블록체인 기술로 연결만 되면 된다. 동시에 기록이 업데이트되면 고객이 보험청구서를 작성해 보험사로 보낼 필요 없이 보험료 지급 절차가 자동으로 시작된다. 고객은 귀찮은 보험료 청구 절차 때문에 받지 못했던 보험료를 받게 되고, 보험사는 사고 보상과 관련된 처리 비용을 대폭 줄일 수 있다.

비트코인으로 돈을 벌자!

비트코인 월렛 만들기

비트코인 투자를 하기 위해서는 우선 비트코인 월렛을 만들어야 한다. 이는 비트코인을 보내고 받으며 저장할 수 있는 수단이다. 여러 온라인 사이트(영미권의 경우 Coinbase, Blockchain.info, 국내의 경우 Coinone, Korbit 등)에서 개설 가능하다.

일단 비트코인 월렛을 개설하고 나면 여러 개의 비트코인 주소를 설정할 수 있다. 실제 우편번호나 은행계좌는 필요하지 않고 바로 이 지갑의 주소를 통해 다른 비트코인 소유자와 1:1 거래가 가능하다. 그리고 모든 거래 현황은 온라인 사이트에서 확인할 수 있다. 거래 시 공개되는 것은 월렛에 개설된 주소뿐 개인정보는 공개되지 않는다.

비트코인 거래소에서 비트코인 트레이딩하기

주식시장처럼 매도, 매수 물량의 균형점에 따라 시세가 정해지는 거래소가 비트코인에도 있다. 우리나라에도 거래소가 개설되어 있으며 이곳에서는 누구나 자금만 있다면 비트코인 월렛을 만들고 비트코인을 사고 팔 수 있다. 주식투자와 같은 원리로 앞으로 오를 것 같으면 비트코인을 사두었다가 가격 정점 부근에서 매도해 차익을 실현한다. 일반 기업의 주식이 그렇듯, 기초자산 값어치에 대한 미래 전망이 비트코인 가치에 거의 절대적인 영향을 미친다. 그러니 비트코인 가치는 관련 뉴스에 매우 민감하게 반응한다.

비트코인이나 블록체인을 실용화하는 국가 혹은 대형 기관들이 늘어날수록 혹은 비트코인 대중화에 영향을 주는 뉴스가 나올때마다 비트코인 가격은 상승한다. 예를 들어 2017년 4, 5월 비트코인 거래시장은 가파른 상승 랠리를 가져갔고 미국의 S&P나 금에 비할 수 없는 높은 수익률을 기록했다. 이유는 바로 일본 정부가 비트코인을 공식적 결제수단으로 인정하는 발표를 했기 때문이다.

사실 일본은 2014년 도쿄의 한 비트코인 거래소가 해킹을 당하며 개인투자자들이 막대한 손실을 입은 적이 있다. 하지만 그 이후에도 비트코인에 대한 관심은 꾸준히 이어졌고 일본 정부는 비트코인이 실생활에서 더 많이 사용되고, 거래가 활성화될 수 있도록 안전장치를 설정하였다. 일본 금융감독위원회는 2017년 4월 1일부로 비트코인 거래소에 최소자본충족 요건(금융사고 시 급작스레 거래소의 운영이 위협받지 않도록 일정수준의 자본금을 쌓도록 하는 것), 투자자의 계정을 비트코인 거래소 계정이 아닌 제3의 안전하고 공신력 있는 주체가 관리하도록 하는 것, 주기적으로 비트코인과 관련된 범죄 오용행위(돈세탁 등)를 감시하는 방안을 발표하면서 합법적인 지불수단이자 화폐로 공표했다.

실제로 일본에서는 광범위한 고객 기반을 가지고 있는 저가 항공사 그리고 도시가스회사인 일본가스Nippon Gas 등이 비트코인으로 요금을 지불하는 것을 허용한다고 발표했다. 일본은 세계에서 세 번째로 큰 경제대국이다. 일본이 비트코인을 제도화한 것은 앞으로 비트코인의 화폐가치는 물론 투자자산으로서의 가치 안정화에도 기여할 것이다. 앞으로 서유럽의 경제대국들이 차례로 이를 제도화할 경우 긍정적인 호재로 작용해 단기적으로 큰 폭의 가치 상승을 기대할 수도 있으며, 거래량 확보로 시장 안정성에도 도움이 될 것이다.

비트코인이 일본에서 이와 같이 힘을 얻는 이유는 일본의 장기적인 저금리 환경과도 관련이 있다. 비트코인이 화폐로서 공신력을 얻게 되면 투자자산으로서 가치가 상승할 수 있기 때문에 개인이나 기관 투자자들은 새로운 투자수단을 추가로 확보하게 된다. 실제로 〈월스트리트저널〉은 일본의 비트코인 합법화를 보도하면서, 이것이 초저금리 하에 있는 일본의 금융상품이 갖는 한계점을 극복하려는 노력과도 연관이 있음을 밝혔다.

지금까지는 비트코인에 대해 밝고 긍정적인 이야기를 주로 했지만 부정적인 면도 있다. 비트코인의 안정성에 대한 의문점과 이에 따른 도전은 비트코인 가격의 단기적인 하락을 일으킬 악재로 작용할 것이다. 사실 비트코인은 거래에 있어 일정 부분 익명성을 갖는다. 비트코인 월렛을 만들고 주소를 설정하면 현금화 전에는 실제 거래 주체의 신상은 알 수 없다.

2017년 5월 워너 크라이라는 랜섬웨어 공격에 전 세계가 숨죽였다. 북한 배후설부터 시작해서 뚜렷한 대비책이 없어서 앞으로가 더 문제라는 이야기까지 각종 말들이 신문지면을 도배했다. 그중 한켠에 비트코인이 부끄럽게 등장했다. 공격을 주도한 해커 집단이 비트코인 계정을 통해 '몸값'을 지불받았다는 것이다. 비트코인은 익명성이 확실한 덕분에 지하경제에서 애용되고 있다. 현금화 단계 이전에 비트코인만 주고 받는 단계에서는 전 세계 어느 기관도 거래 추적이 어려운 것으로 알려져 있다. 이에 따라 비트코인에는 여전히 지하경제 화폐라는 반갑지 않은 수식어가 따라다니며 비트코인을 통해 자금을 세탁하려는 시도가 드러날 때마다 안정성을 지속적으로 의심받고 있다. 실제 비트코인은 중앙 서버가 없이 거래의 기록들이 개별 컴퓨터에 분산되어 저장 및 업데이트되고, 정부기관에 의해 백업이나 통제되지 않는다.

관련한 또 하나의 사례는 중국이다. 최근에 중국의 비트코인 거래량은 급감했다. 글로벌 시장 거래량의 절대적인 규모를 차지했던 중국시장의 냉각으로 비트코인 가치는 단기적으로 악영향을 받았다. 중국시장이 갑자기 침체된 이유는 중국 정부가 비트코인 거래의 투명성을 높이기 위한 규제를 도입했기 때문이다. 그동안 불투명한 자금 거래에 이용되던 거래소의 물량이 한꺼번에 빠져나갔고, 그 과정에서 투자심리도 함께 위축되었다. 불법적인 자금들은 현금화되어 다른 거래수단으로 이동되고, 정상적인 투자금은 제도적으로 안정된 시장으로 찾아가는 과정에 있다.

이외에도 거래소의 기술적 안정성에 대한 의문이 제기될 경우 비트코인 거래시장은 위축될 가능성이 있다. 또한 단기 차익을 노리고 진입하는 투기세력이 많은 경우에도 작은 충격에 자금이 쉽게 빠져나가 하방 압력으로 작용할 수 있다.

한마디로 비트코인 거래시장을 규정하면 '롤러코스터'라고 말할 수 있다. 오르내림이 심해 투자자는 주의를 기울이지 않으면 쓴맛을

비트코인 가격 추이

자료: 코인데스크

볼 수 있다. 하지만 장기적으로 기반기술의 채택 가능성이 높아지고, 공식 화폐로 인정되는 국가가 늘어나는 추세라면 높은 곳을 향해 회전하는 롤러코스터 형태가 될 것이다.

결국 꾸준한 인내 혹은 발 빠른 대처, 이 두 가지 중 하나를 가지고 있다면 재테크 수단으로서 충분히 활용할 가치가 있다. 그러나 앞으로 개인투자자가 이해하고 사용하기 쉽도록 인터페이스 개발 등이 더 진행되어야 한다.

비트코인 채굴하기

좀 낯설게 들릴지 모르지만 비트코인은 원래 컴퓨터와 수학에 정통한 천재 혹은 천재 집단이 만든 가상화폐이기 때문에, 만들어지는 과정도 꽤나 학문적이다. 비트코인 등의 가상화폐를 소유하는 방법은 두 가지이다. 하나는 이미 만들어져 거래되는 비트코인을 사는 것(비트코인 거래소에서 사거나, 상품이나 서비스를 제공하고 돈 대신 비트코인을 받는 것)이고, 다른 하나는 만들어내는 것이다.

비트코인을 만들기 위해서는 복잡한 수학 문제를 풀어야 하며, 이를 '채굴한다'라고 부른다. 돈을 벌기 위해 복잡한 수학 문제와 씨름까지 해야 하나 싶지만, 사람이 종이에 공식을 써가며 문제를 푸는 게 아니라 컴퓨터를 이용한다. 사실 비트코인 채굴은 꽤나 복잡하여 초보자들에게는 권장하지 않는 방법이다. 비싸고 많은 전력을 소비하는 고도의 기계장비를 필요로 한다. 발행량이 한정된 탓에 매우 복잡한 수학 알고리즘을 남들보다 빨리 풀어야 하기 때문이다.

이제는 더 이상 한 개인이 집에서 값비싼 장비를 이용해 비트코인을 채굴하는 것은 돈이 되는 일이 아니다. 현재는 기업형의 대규모 채굴이 주를 이루며, 비트코인에 대한 사람들의 관심이 집중되면서 문제의 난도가 높아졌다. 이제 개인용 컴퓨터를 이용해 수십 년 동안 계산해도 풀기 어려운 수준이 되었다.

그래도 채굴에 관심이 있다면 일종의 채굴 조합에 가입하는 것을 추천한다. 공동 작업을 통해 비트코인을 채굴하고 그 성과도 일정한 원칙에 따라 체계적으로 분배한다. 해외에는 앤트풀Antpool, BTCC, 슬러쉬풀Slushpool 등이 있으며 국내에서는 비트코인 채굴 기기를 제조하여 빌려주는 사업체도 이미 출범하였다. 개인은 기기를 제조업체로부터 구매해서 업체와 위탁관리 계약을 맺고 계약 기간 동안 채굴 수익을 가져갈 수 있다.

채굴기의 가격은 약 160만 원에서 250만 원 정도다. 2017년 4월의 이더리움 클래식 가격을 가정해, 채산성을 따져보면 월수입은 약 16만 원에서 30만 원이다. 월수익률은 10~12% 정도이고, 약 9~10개월이면 장비 비용은 모두 회수할 수 있다. 물론 이는 채굴되는 가상화폐의 가치에 따라 변동하게 된다. 마치 금값이 비쌀 때에 채굴하여 팔면 수익이 많이 남는 이치와 같으며, 금값이 낮을 때는 채굴의 채산성이 좋지 못해 장비를 굴리는 것이 극단적으로는 더 손해를 볼 수도 있다. 이 경우 장비 투자의 회임기간payback period(큰 금액으로 투자한 후 나오는 수익으로 본전을 찾는 데 걸리는 시간)은 늘어날 수밖에 없다.

비트코인의 발행량은 정해져 있어 비트코인을 얻기 위해 풀어야 하는 수학 문제의 난도는 점점 높아질 것이다. 또한 이에 대비한 채굴기의 성능이 빠르게 개선되어야 하는 점을 생각하면 채굴기의 감가상각(기계를 최초 구입한 후, 시간이 가면서 기술의 상대적인 진보 등으로 인해 값이 떨어지는 현상)의 속도가 빠를 수 있는 점을 고려해야 할 것이다.

직접 기계를 소유하는 대신 클라우드 마이닝Cloud mining 서비스사와 계약을 맺는 것도 가능하다. 해외의 경우 제니시스 마이닝Genesis mining사가 이러한 서비스를 제공한다. 하드웨어 기기나 소프트웨어 없이 채굴 계약을 맺게 되면 클라우드 마이닝 서비스사는 채굴을 이행하고 비용을 뗀 뒤 수익금을 정산한다. 보통 손익분기점을 넘으려면 1년이 조금 더 걸리는 것으로 알려져 있다. 물론 이 또한 비트코인 값이 오르면 더 빨라지고 느리다면 적자 상태는 더 지속될 것이다.

비트코인 P2P 렌딩

국내에서는 아직 초기 단계에 있지만 해외에서는 비트코인은 P2P금융의 일부로 자리잡고 있다. 비트본드Bitbond라는 해외사이트는 비트코인을 창업자나 중소 상공인들에게 대출을 중계해주는 플랫폼으로 전 세계 누구나 사용 가능하다. 보통 아마존Amazon이나 이베이E-bay 에서 사업을 하는 사람들이 6개월에서 길게는 3년 동

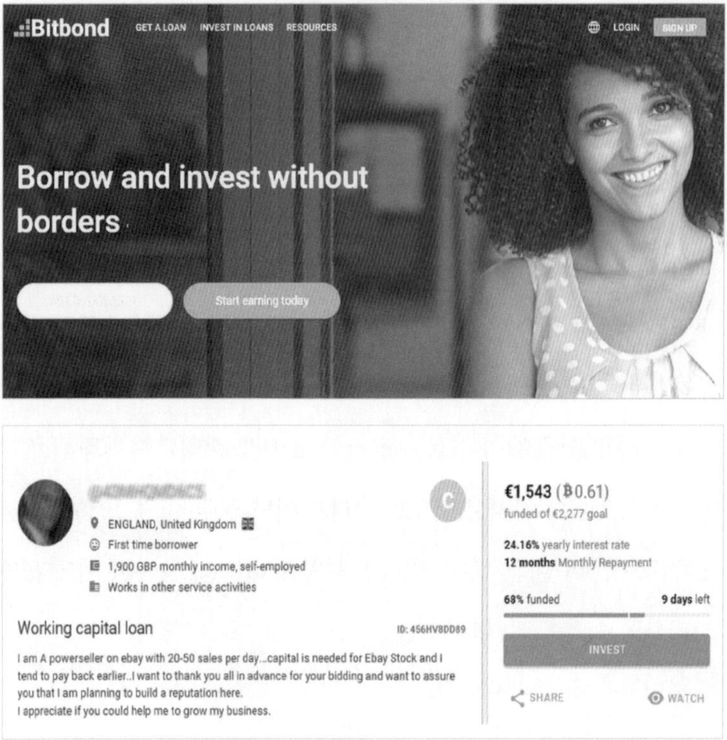

안 7~8%로 대출을 받는다. 투자자는 보통 10%대의 수익을 얻는 것으로 알려져 있다.

비트코인으로 결제한다!

현재까지 가장 일반적으로 비트코인을 얻는 방법은 상품 및 서비스와 교환하는 것이다. 우리나라에는 2004년에 비트코인을 결제·교환수단으로 받는 카페가 생겼다가, 당국이 지불수단으로 비트코인을 인정하지 않아 사라졌다. 그러나 해외에는 돈 대신 비트코인을 받는 오프라인 상점들이 점차 들어서고 있다.

이제 일반 상점에서 가상화폐로 결제가 가능할 뿐 아니라 이베이나 아마존 같은 온라인마켓에 자신의 상품을 내놓고 비트코인을 받는 거래가 늘어나고 있다. 해외 업체인 Bitify.com는 이베이의 경매 시스템을 이용하되, 결제수단만 비트코인으로 바꿨다. 소비자들이 아끼던 옷, 책, 생활용품들을 내놓고 비트코인을 받는 형태다. 이베이는 다른 상거래 업체 사이트와 마찬가지로 안정성을 위해 에스크로 계좌를 활용하고 거래 수수료로 약 1%를 가져간다.

참고로 국내에는 아직 오프라인 상점에서 비트코인 결제가 폭발적으로 증가하고 있지는 않다. 2013년 카페를 중심으로 처음 결제 시스템이 도입되었지만, 아직 오프라인에서는 많이 활용되고 있지 않다.

가상화폐, 건전하게 투자하자

아직까지 비트코인은 투자수단으로서 대중화되지 못했다. 그러다 보니 총 거래규모가 작고, 시장의 작은 충격에도 급등 혹은 급락할 위험이 크다. 또한 이와 같이 거래규모가 작으면 시세를 조작하려고 드는 작전세력의 먹잇감이 되기 쉽다. 전체 시총 규모나 유통주식 수가 적은 주식을 대상으로 불법 작전세력이 개입하는 것과 비슷하다.

투자자 입장에서는 비트코인과 그 기반기술인 블록체인이 보다 더 대중화되기를 기대하면서도 높은 변동성을 감안해 철저한 분산투자 원칙을 지키는 것이 중요하다.

변동성이 큰 비트코인 시장에 대한 투자 접근법

자산시장에서 변동성은 위협이자 기회이다. 무언가의 가치를 예측해야 할 때, 가격변동폭이 크다는 것은 그리 달가운 일은 아니다. 그러나 한편으로 중장기적 대세 상승의 방향성에 대한 믿음이 있다면, 변동성은 적극적으로 이용해야 할 특성이다. 이에 몇 가지 투자 접근법을 소개한다.

첫째, 남의 돈을 빌려서 투자하지 않는다. 투자에서 레버리지 효과는 굴리는 돈 중에서 부채비율이 높을수록 자기자본만으로 하는 투자 대비 훨씬 더 높은 수익률을 가져온다. 그러나 돈을 갚아야 할 시기에 일정한 현금흐름(충분한 상환재원)이 있다는 전제하에 해야 하는 투자법이다. 그렇지 않을 경우, 변동성의 흐름에서 하락세에 머물러 있을 때 어쩔 수 없이 비트코인을 손절매해야 한다. 우리나라 펀드투자 문화 정착에 큰 기여를 한 바이코리아 펀드를 만든 최남철의 저서 《꿈의 기울기에 투자하라》에서 개인투자자의 첫번째 주식 투자 성공 원칙으로 '절대 남의 돈을 빌려서 주식 투자를 하지 말 것'을 권했다. 돈을 빌려서 하는 투자는 항상 장기적 투자보다는 원하지 않는 손절매를 부르기 때문이다.

둘째, 비트코인 투자는 비트 바이 비트Bit by Bit 즉, 소액의 분산투자를 철칙으로 한다. 예를 들면 하루에 5,000원, 1만 원씩 꾸준한 분산투자를 통해 높은 변동성에 대처하다가 적정한 수익률이 실현되었을 때 총 투자금의 30~50%를 현금화한다. 다시 매일 소액을 분산투자하다가 목표수익률 실현 시 다시 30~50%를 현금화하는 방식을 추천한다.

목표수익률은 당연히 일반 투자자산보다 공격적으로 설정할 필요가 있다. 필자는 은행 예·적금 금리의 10배인 15%를 목표로 설정하고 있다. 주식시장에서의 펀드 투자가 시간과 자산 두 가지를 모두 분산하는 것이라면, 사실 비트코인 거래는 원화기반이냐, 달러기반이냐, 엔 기반이냐 등의 '통화 분산'이다. 그러나 선택지가 여전히 많지 않아 분산 효과는 제한적이다. 철저한 시간 분산투자만이 투자자가 스스로를 보호할 수 있다. 현재 거래소 중에 이와 같은 자동 분산투자 기능을 갖추고 있는 곳이 없어 아쉽다. 따라서 당분간은 투자 시점, 즉 시간의 분산을 통해 위험을 제어하는 개인투자자의 노력이 뒷받침되어야 한다.

사실 분산투자를 해야 한다는 것을 알지만 이를 실천하기 어려운 이유가 몇 가지 있다. 위험을 분산할수록 수익도 분산되기 때문에 일정 부분 시기를 놓치는 경우가 생기는 게 사실이며, 이는 특히 상승장에서 분산투자를 주저하게 만드는 요인이다. 하지만 비트코인의 변동성은 위, 아래로 모두 크다는 점을 반드시 명심하고 분산투자를 필수적인 투자법으로 활용해야만 한다.

또한 귀찮음이 문제다. 매일 거래소에 들어가 결제를 진행하는 게 번거롭고 귀찮을 수도 있다. 그렇지만 우리가 주식에 돈을 넣었을 때 하루에도 몇 번씩 주가를 확인하는 것처럼 매일 투자를 한다는 게 그리 어려운 일은 아니다. 비트코인 가치와 관련된 뉴스를 주기적으로 체크하는 것도 좋은 방법이다.

셋째, 본인의 총 금융 투자 재원 중 5% 내에서 투자해야 한다. 보통 이상적인 재테크 포트폴리오로 안정적 투자인 예·적금에 50%, 보험에 20%, 주식이나 펀드 등 고수익 목표 자산에 30%를 이야기한다. 비트코인은 총 재원 중 5%로, 주식이나 펀드 자산 중 일부를 돌리거나 예·적금 중 일부를 돌려 자신의 포트폴리오 중 가장 변동성과 수익성이 함께 높은 투자군으로 상정하고 접근하는 것이 좋다.

넷째, 전문가의 조언이 아닌 스스로 판단하에 투자해야 한다. 이상하게 들릴 수 있겠지만 비트코인이 갖는 특성을 살펴보면 이 제안이 설득력 있다. 주식 투자는 나보다 특정 회사를 잘 알고 있는 전문가의 추천 주식을 사는 것이 어느 정도 의미가 있다. 개별 자산들이 다른 성격과 가치선 상에 있기 때문이다.

하지만 비트코인은 통화가 다르고 약간의 차이가 있을 뿐 기본적으로 한 가지 성격의 자산이라는 특징이 있다. 나쁘게 말하면 가격 형성 정보의 가짓수나 깊이가 부족해 오로지 시장 참여자들의 변덕에 의해 가격이 정해지는 것이다. 이런 점 때문에 오히려 지극히 단순하다.

가끔 신문이나 인터넷 광고를 통해 가상통화에 대한 투자 성공 전략을 강의하면서 꽤나 많은 수강료를 받거나 20~30배의 투자 수익을 약속하고 무허가 사업자가 투자금을 모으는 등 일종의 유사수신 행위 등을 볼 수 있다. 그러나 비트코인 투자에 있어서는 전문가나 일반 개인이나 평등하다. 남들보다 돈을 많이 벌게 해주겠다는 세상의 모든 유혹을 의심해야 한다.

어떤 투자 대상에 대해 '광풍'이라는 신문기사가 나는 경우가 종종 있다. 이는 돈을 빌려서 투자하고, 분산투자 없이 돈을 몰아넣고, 자세히 알아보지 않고 남들 따라서 무턱대고 투자하며, 비합리적으로 높은 수익률 약속을 믿고 받아들이는 행태를 가리킨다. 위에서 제안한 조언과 정반대의 길을 간다면 비트코인 투자는 독자들에게 악몽이 될 것이다.

아직은 미흡한 위험 제어 수단

사실 가상통화 거래소의 기술적 안정성은 걱정거리가 맞다. 거래량이 폭증하면 서버가 다운되는 경우가 국내외에서 빈번히 발생한다. 아울러 규제 당국의 투자자 보호장치에 대한 연구나 감독 체계 또한 아직은 연구 및 모니터링 단계에 지나지 않는 점은 제도적인 노력이 뒷받침되어야 함을 의미한다.

P2P금융업계 전반에 도입된 가상계좌 시스템, 제3자 예치금 관리 시스템 도입 의무화 등을 통해 초창기에 사금융적 성격을 띄는 투자 중개기관의 위험으로부터 투자자들을 보호해야 한다. 금융기관이나 유명 벤처캐피탈이 지분을 투자한 스타트업은 고객들을 의도적으로 기망하는 행위는 하지 않겠지만, 아직 초기 기업이 갖는 내부통제체계의 예기치 못한 한계점 등에 대해 투자자는 항상 주의를 기울여야 한다.

돈을 벌기 위한 수단만으로 생각하지 말자

속 편한 소리처럼 들릴지 모르지만 이제 막 비트코인 투자를 처음 하는 사람들에게 꼭 해주고 싶은 이야기다. 오로지 돈을 벌겠다는 목적으로 투자에 임한다면 실패하기 쉽다.

먼저, 통제할 수 없는 환경적 요인에 심하게 스트레스를 받는다. 사실 투자는 미래의 이익을 목적으로 시간이나 자본을 대는 행위다. 대부분 다른 누군가가 내가 직접 못하는 일을 대신 해주는 것이다. 본질적으로 외부 환경에 내 자산을 맡기는 행위인 것이다.

또한 심하게 일희일비하게 된다. 그렇지 않으려면 꼭 돈을 벌기 위한 수단으로만 생각하지 않아야 한다. 기술 혁신을 이해하거나, 값싼 해외송금과 같은 수혜를 입거나, 가상화폐 세계를 이해하는 학습의 일환으로도 의의를 둘 수 있다. 앞으로 가상화폐와 블록체인은 그 쓰임새가 늘어날 수밖에 없고, 이로부터 파생되는 다양한 비용 절감과 돈벌이 기회가 생겨날 것이 분명하다. 항상 투자는 자기 스스로 쌓은 안목이 힘이 되는 것이며 평소에 기초에 대한 단단한 이해를 쌓은 사람만이 결정적인 순간에 올바른 판단을 남들보다 빨리 할 수 있다. 비트코인 투자 또한, 미래의 다양한 투자 수단에 대한 기초 이해를 쌓는 소중한 기회로 여겨보는 것은 어떨까?

비트코인, 이더리움, 이더리움 클래식만 있는 것이 아니다

가상화폐 중 비트코인은 가장 역사가 깊다. 하지만 그 기반기술인 블록체인을 활용한 다양한 가상화폐들이 등장했고, 실제 투자 대상으로서 거래되고 있다. 156페이지에 있는 자료를 보면 우리에게 익숙한 비트코인, 이더리움, 이더리움 클래식 외에도 매우 다양한 가상화폐가 거래되고 있음을 알 수 있다.

비트코인의 가격이 너무 많이 오르니 동종의 대체투자 자산으로서 다른 가상화폐에 눈을 돌린다는 신문기사까지 등장했다. 필자가 보기에 이는 다소 우려스럽다. 사실 상대적으로 비트코인 가격이 많이 오른 것은 사실이지만 아직까지는 높은 내재적 가치보다는 변동성이 부각된 상황으로 보는 것이 맞다. 가장 역사가 깊은 비트코인도 아직 높은 변동성을 극복하지 못했는데 시가총액이 더 적은 다른 자산들의 위험은 말할 것도 없다.

하지만 투자는 자신의 판단과 책임하에 하는 것이 아닌가? 현재의

가상화폐별 시가총액과 가격 및 거래량

단위: 달러

순위	이름	시가총액	가격	24시간 거래량
1	비트코인(Bitcoin)	409억 9,236만	2,500.49	17억 4,101만
2	이더리움(Ethereum)	334억 4,982만	361.52	20억 3,167만
3	리플(Ripple)	100억 7,295만	0.26	1억 5,683만
4	넴(NEM)	17억 5,235만	0.19	955만
5	이더리움 클래식(Ethereum Classic)	16억 9,238만	18.27	1억 3,720만
6	라이트코인(Litecoin)	16억 1,041만	31.23	3억 1,583만
7	대시(Dash)	12억 2,127만	165.81	4,509만
8	IOTA	10억 901만	0.36	1,064만
9	비트세어스(BitShares)	8억 5,365만	0.33	1억 5,438만
10	스트라티스(Stratis)	7억 8,254만	7.95	1,036만

*2017년 6월 16일 오후 5시 기준.

본원적 가치보다 미래 가능성과 높은 변동성 자체를 감내할 수 있는 투자 성향을 가진 개인이라면 다음과 같은 다른 가상화폐 투자를 고려해볼 수 있겠다.

상장된 가상화폐의 대안 주자 - 리플

리플Ripple의 정식 명칭은 XRP코인이다. 리플은 비용을 획기적으로 줄인 글로벌 정산 네트워크 혹은 시스템을 뜻한다. 리플XRP코인은 글로벌 정산 네트워크에서 화폐 간 거래와 이동을 매개하여, 운영되게 하는 연료인 셈이다. 앞서 살펴본 이더리움처럼 비트코인 외의 가상화폐들은 블록체인 기술을 기반으로 기존의 운영체계를 개선하는 시스템을 개발했을 때 해당 시스템에서 사용되는 필수 수단인 것이다.

그럼 리플이라는 정산 네트워크를 좀 더 살펴보자. 기본적으로 글로벌한 정산 자금의 이동은 다양한 화폐를 사용하며 서로 다른 시간대를 가진 수없이 많은 주체들 간에 권리와 의무 관계에 따라 물 흐르듯 흐르는 것이 이상적이다. 하지만 앞서 말했듯이 화폐의 다양성, 시간대의 차이는 물론 서로간 정산 자금 이동의 근거가 되는 권리, 의무 관계가 실시간으로 상대방의 시스템에 반영되지 못하는 어려움으로 인해 비효율이 존재한다.

리플은 이를 블록체인으로 해결하는 접근인 것이다. 리플의 글로벌 정산 네트워크는 정산을 즉시 체결하며, 위험도가 적고 비용이 저렴하다. 은행에서는 리플을 이용하여 여러 개의 원장(장부) 사이의 자

리플의 '다리통화' 개념

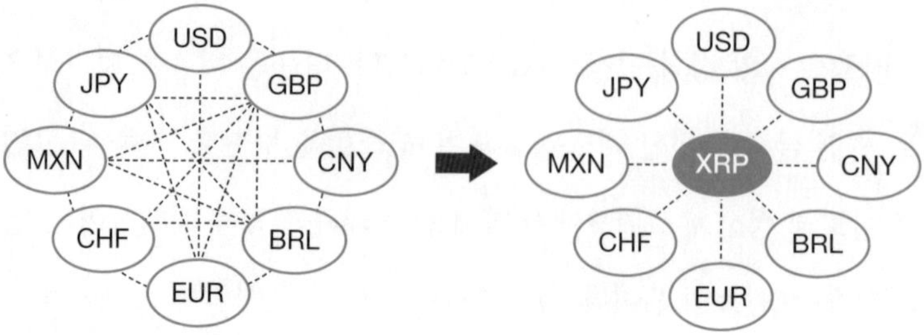

자료: 코빗Korbit 홈페이지

금 이동을 조정하여 모든 정산 리스크를 없애고 결제 프로세스 지연을 최소화할 수 있다.

또한 리플을 통한 직접 거래가 가능해 화폐 간 거래 시 더 적은 비용을 필요로 한다. 이를 가상화폐 거래소인 코빗Korbit에서는 '다리통화Bridge Currency'의 개념으로 설명하고 있다. 국제 정산에 있어 환전은 필수적인데 XRP코인이 중간 다리 역할을 해 위의 그림처럼 공급자에게 거래 중 어떤 통화도 직접 연결할 수 있다. 이 경우 적은 수의 통화쌍에 유동성을 집중할 수 있게 해주기 때문에 더 많은 양의 주문을 받을 수 있으며 경쟁력 있는 환율을 확보할 수 있다고 한다.

XRP는 리플에서만 사용되는 독립적인 디지털 자산으로서, 리플

장부의 고유 화폐라고 볼 수 있다. 여기서 투자자가 주목해야 할 것은 '독립적인'이란 단어다. 비트코인의 경우 아직 초기 단계이긴 하지만 일반 거래 화폐로 보급되는 가운데 사용자 수가 제한적이지 않다. 범용성을 가지기 때문에 활용의 폭이 크다. 당연히 투자자산으로서도 사람들에게 심리적인 안정성을 주는 데 우위에 있다. 물론 글로벌 정산 네트워크를 통해서 이동하는 금액의 규모는 엄청나며, 이 대부분이 리플로 대체된다면 이야기가 달라질 것이다. 결국 가상화폐의 투자자산으로서의 가치는 사용자, 사용 규모에 영향을 받을 수밖에 없다.

투자자의
체크
포인트

비트코인 확산의 적은 내부에 있다?

더욱 쓰임새 있는 화폐가 되려는 몸부림은 가상화폐의 원조격인 비트코인 또한 한참 현재진행형이다. 비트코인을 활용하려는 입장에서 어쨌거나 비트코인이 널리 사용되는 것이 바람직하다고 생각할 수도 있고 아니면 그 희소성이 높아지기를 바랄수도 있다. 여기서 '비트코인을 일상적인 거래수단으로서 활용하고자 하는가'와 '투자수단으로 활용하고자 하는가'에 따라 입장 차이가 생긴다. 이러한 입장 차이는 비트코인을 바라보는 일반인들뿐만 아니라 비트코인 개발자들 사이에서도 매우 심각한 논쟁으로 나타나고 있다.

비트코인 차트라는 리서치기관에 따르면, 2017년 상반기 전체 발행된 비트코인의 규모는 40조 원을 넘어섰다. 그런데 문제는 발행 규모는 늘었지만 비트코인을 사고팔 때 활용되는 시장 거래 장치 구조는 커지지 못한 관계로 거래 비용이 빠르게 늘어나고 있다는 점이다. 불과 수년 전만 해도 1비트코인을 거래하는 데 10센트 이하의 비용이 소요되었다. 그러나 최근에는 5달러까지 치솟았다. 이렇게 높은 수준의 거래 비용이 든다면 사실상 비트코인을 일상생활의 대체 거래수단으로 사용하는 것은 불가능할 것으로 보인다. 물론 어떤 거래에 비트코인을 사용하는가에 따라 다를 것이다. 만약 미화로 1만 달러를 비트코인 형태로 송금하는 데 5달러가 소요된다면 감내할만할 것이다. 그렇지만 아메리카노를 비트코인으로 지불하기 위해 비트코인을 획득하는 비용이 커피 값보다 많이 든다면 안 될 말이다. 거래수단으로서의 비트코인 확산을 위해서는 다양한 사용 형태가 가능하도록 보다 값싼 거래 비용이 소요되는 네트워크가 요구되는 시점이다.

여기서 신용카드와 차이점이 있다. 일반 소비자들 모두 신용카드를 긁을 때마다 포인트나 마일리지 등 많은 혜택을 얻는다. 이는 대부분 카드사와 가맹점이 부담한다. 이에 반해 비트코인에 대해 이러한 지원을 하는 사업 주체는 없어서 고스란히 거래 비용을 모두 소비자가 부담한다.

왜 이러한 현상이 벌어지는지를 알아보기 위해 비트코인 개발자 혹은 채굴자들의 세계를 들여다볼 필요가 있다. 비트코인 거래의 처리를 담당하는 사람들이 바로 이 채굴자들이다. 이들은 지속적으로 복잡한 수학 문제를 풀어 비트코인 유동성을 공급해주는 대가로 보수를 받는다. 바로 비트코인 거래 비용이 이들의 몫이 되는 것이다. 비트코인이 인기를 더해가자 하루 평균 10만 건 정도의 거래 수는 최근에 26만 건으로 2배 이상 뛰었다. 하지만 네트워크의 처리 용량은 1초에 7건을 넘지 못한다. 현재 채굴자 입장에서 보수인 거래 비용이 높아지는 것은 채굴자들로 하여금 더 많은 비트코인을 채굴해 유통 처리 역량을 높이도록 독려해야 하기 때문이다.

결국 비트코인의 거래 비용을 크게 낮출 수 있어야만 비트코인은 거래나 교환수단으로서 더욱 각광받을 수 있다. 채굴과 비트코인 교환의 인프라 자체가 커져야 가까운 시일 내에 피부에 와닿는 확산을 볼 수 있을 것이다.

비상장 가상화폐에 대한 관심이 늘다

이처럼 이미 거래소에 상장되어 있는 화폐 외에도, 거래소 데뷔를 앞두고 있는 화폐들이 다수 있다. 폴리비우스는 블록체인뿐 아니라 보다 다양한 기술이 융합되어 탄생한 가상화폐다. IoT사물인터넷와 빅데이터 그리고 블록체인을 활용한 것으로 인터넷 은행 설립을 위한 코인이다. 사물인터넷, 빅데이터 그리고 블록체인 등의 기술을 백분 활용하고 뛰어난 보안과 매끄러운 사용자 경험을 제공한다. 말 그대로 '인터넷전문은행'이 새로운 자금조달 방식으로 설립 초읽기에 들어갔다.

세계에서 가장 적극적으로 블록체인을 활용하고 있는 국가의 하나로 꼽히는 에스토니아에서의 일이다. 에스토니아의 폴리비우스 재단Polybius Foundation은 "가까운 시일 내에 ICOInitial Crypto-token Offering(주식의 상장과 같은 개념)를 개시해 직접 자금을 조달한 후, 이를 활용해 '폴리비우스 뱅크Polybius Bank'를 설립할 계획"이라고 밝혔다. 폴리비우스 뱅크는 "오픈 API(누구나 사용할 수 있도록 공개된 운용체제와 응용프로그램 사이의 통신에 사용되는 언어나 메세지 형식)의 원칙하에 운영될 예정이며, 결제와 데이터 프로세싱 업계의 프레임워크 내에서 명성이 있는 혁신적 서비스를 채택할 계획"이라고 회사 측은 전했다.

폴리비우스 뱅크의 서비스 범위는 ICO의 성패에 따라 크게 좌우될 전망이다. 로드맵에 따르면 다섯 단계의 서비스가 예정되어 있는데 최소 150만 달러가 확보되어야 인터넷전문은행이 탄생한다. 2,500만 달러 이상이 확보될 경우에는 단순 결제에서부터 상용 은행의 위상, 디지털패스 지원은 물론이고 중소기업을 위한 금융 마켓플레이스까지 포괄하게 된다.

ICO를 통해 인터넷전문은행이 탄생할 수 있을까? 최근 분위기로 보면 가능할 것이라는 쪽으로 기울고 있다. 컨설팅 업체인 스위스 EY는 폴리비우스 뱅크를 지원하기 위해 자문역을 자처했다. 스위스 EY 측은 "폴리비우스 뱅크는 디지털 세대를 위한 분산화된 은행을 규제 환경 내에서 만들려고 한다며 블록체인과 인공지능 등 최신 기술을 활용해 비용은 줄이고 효율성과 수익성은 높이는 '은행의 재창출re-invent'을 기대한다"고 말했다.

다양한 가상화폐의 세계에 대해 이야기할 때, 투자자들은 두 가지 관점에 주목해야 한다. 첫째, '블록체인이 기존 시스템들을 어떻게 효율적으로 바꿔나가고 있는가' 하는 지적 호기심의 관점이다.

둘째, 투자자산으로서의 미래 잠재력이다. 다시 말하지만, 가상화폐는 얼마나 많은 사람들이 이를 사용하느냐에 따라 투자자산으로서 값어치가 있을 수도 아니면 그저 소수의 사람들이 특정 목적으로

만 사용하는 '언어' 혹은 '매개체' 정도에 그칠 수도 있는 것이다.

개발 중인 가상화폐 투자 시 유의점
- 어디에 쓰이는 화폐인지가 중요하다

상장 전의 가상화폐 투자는 주식시장 상장 전의 공모주 투자와 같은 개념이다. 목표가격보다 상장 초기 높은 가격으로 시장에서 거래되면 매우 큰 수익을 볼 수 있다고 알려져 있다. 이론적으로 사실이며 현재 거래소에 다양한 종류의 가상화폐가 등장하기까지 이 과정에서 큰 이득을 본 사람들이 많다.

그렇지만 항상 그렇듯, 모두가 이런 수익을 누릴 수 있는 것은 아니다. 큰 이득을 볼 수 있는 곳에는 꼼꼼히 따져 보지 않는 투자자들을 노리고 있는 '꾼' 혹은 '세력'들이 자리하고 있음을 잊어서는 안 된다. 또한 거래소 상장 전에는 일반인이 산 가상화폐는 유통이 불가능하다. 이 부분이 주식과의 차이점이다. 즉 장외주식 거래 같은 형태의 현금화 수단이 없으니 돈이 꼼짝없이 묶이는 것이다. 개발 중인 가상화폐 투자는 정말 꼼꼼하고, 신중에 신중을 더 해야만 한다.

어떤 유형의 사기가 있을까?

작정하고 남을 속이려 드는 사람을 이기기는 어렵다. 그렇지만 대표적으로 사람들을 현혹하는 수법이 있으니 미리 알아두자.

첫째, 확정수익률로 투자자들을 현혹한다. 개발 중인 비트코인에 투자하면 6개월 후 2배가 된다는 이야기가 많다. 그러면서 사실은 3~4배가 되는데 나머지는 좋은 투자정보를 제공한 우리가 가져가도 정당한 것 아니냐는 식이다. 이런 이야기를 들으면 한편으로 공정한 것 같은 생각이 들기도 한다. 황당한 소리에 왜 넘어가나 싶겠지만 투자할 때 몰입하다 보면 옆을 잘 보지 못한다. 그러나 확정수익률을 이야기할 수 있는 투자대상은 이 세상 어디에도 없다.

둘째, 블록체인 기술이 적용되었다고 말하면서 개발 소스 코드를 공개하지 않거나 이 코인이 어떤 플랫폼이나 시스템을 운영하는 용도로 사용되는지가 불명확한 경우다. 가상화폐는 비트코인과 같이 기존 화폐의 대안으로 탄생한 것 외에는 대부분 특정 용도로 개발된 후 널리 전파되어 거래나 투자수단으로 자리하는 것을 목표로 한다. 그런데 애초에 용도가 불분명하다면 실체 없는 대상에 돈을 넣게 되는 꼴이다. 그러니 신종 가상화폐를 접할 때는 '지금 현재 소수일지라도 어떤 사람들이, 어떤 목적으로 쓰고 있는가'를 꼼꼼하게 따져

봐야 한다. 개발 중인 가상화폐라면 백서white paper를 접할 수 있다. 즉 우리 삶에서 현재 어떠한 비효율적인 영역을 해결하려고 탄생한 것이며, 나중에는 얼마나 널리 사용될지에 대한 개발자의 꿈이 담겨진 문서라고 보면 된다. 이 또한 포장하기 나름인 경우가 많다.

개발 중인 가상화폐가 결국 개발이 완료되지 못하면 마치 스타트업에 투자를 했다가 이 회사가 청산되는 경우보다 더 안 좋은 상황이 된다. 회사는 청산하는 과정에서 채무가 없다면 주주들이 회사의 남아 있는 자산이라도 나누어 가질 수 있지만 개발에 실패한 가상화폐에 넣은 돈은 그대로 날리게 된다.

당분간 많은 신종 가상화폐가 개발될 것이 분명하다. 블록체인 기술의 쓰임새는 점점 더 영토를 확장할 것이며 그 연료로 사용될 가상화폐 또한 특화되어 개발될 가능성이 많기 때문이다. 그러나 솔직하게 이야기해서 일반 투자자들과 같이 실제 그 블록체인이 사용되는 영역에서 떨어져 있는 사람들에게 개발 중인 가상화폐 투자는 권하고 싶지 않다.

PART

04

눈앞에 다가온 미래
- 로보어드바이저와 인터넷전문은행

인간 펀드매니저는 비켜라! 로봇이 간다

일정 기간 수익률을 점검해봤을 때 같은 기간의 연 2% 은행 적금보다도 수익률이 떨어지는 펀드를 '깡통펀드'라고 한다. 최근 금융업계 조사를 통해 국내 펀드 중 자그마치 36%가 깡통펀드로 드러났다. 어떻게 해석해야 할까? 일단 해당 펀드를 운용하는 자산운용사의 '직무유기'라는 비판이 뜨겁다. 펀드 가입자 입장에서는 고작 이런 결과를 보려고 연 1%대의 운용보수를 지급하는 것은 아닐 테니 말이다. 현재 고수익을 쫓는 위험투자자들 사이에서 자산운용업계에 대한 실망감은 크다. 그래서 끊임없이 대안을 찾고 있고 이제 인간이 아닌 기계를 신뢰하고 싶다는 이야기의 결과가 '로보어드바이저의 출현'이라고 볼 수 있다.

로보어드바이저만큼 금융기관뿐 아니라 일반 투자자들에게 큰 관심을 불러일으킨 영역은 핀테크 내에 아마 없을 것이다. 재무 계획 수립과 투자에 관한 사업은 자본시장 및 대형 투자자 집단에 큰 영향을 미친다. 투자와 관련된 기술 분야에서의 '혁신'은 스타트업은 물론, 투자중개, 자산관리 부문 금융사와 보험사들 간 치열한 경쟁의 영역이다.

로보어드바이저란?

이제 '로보어드바이저'라는 용어는 핀테크에 관심이 있는 사람들에게 친숙한 개념이 되었다. 로보어드바이저란 사람의 아날로그적인 조언이나 분석보다는 일관되면서도 유연한 알고리즘하에 투자자의 재무 계획 수립 및 자산 배분에 관한 자문을 디지털 채널을 통해 제공하는 것을 뜻한다. 이들은 미디어의 뜨거운 관심을 받고 있으며 디지털로 생성된 투자 어카운트를 보유한 고객들을 상대로 사업을 펼치고 있다. 이들 업체가 로보어드바이저라는 이름으로 제공하는 서비스에는 자동적인 투자포트폴리오 구성 계획, 자동적인 자산배분, 포트폴리오가 가진 위험 평가, 리밸런싱 등이 포함된다.

대표적인 해외 회사로는 미국의 베터먼트Betterment, 웰스프론트Wealthfront 등이 있다. 일반적으로 로보어드바이저는 보다 많은 일반 대중이 적은 금액과 제한적인 확신하에서도 큰 노력 없이 투자와 자산관리 서비스를 받는 것을 가능하게 하는 데에 의의가 있다.

기존 미국의 전통적인 자산관리 금융사와 상담 전문가들은 통상 고객에게 운용자산의 1%를 수익에 관계없이 수수료로 부과하여 왔다. 로보어드바이저는 저렴한 비용으로 디지털 기반 재무계획 서비스에 대한 욕구를 충족시킨다. 젊은층, 디지털에 익숙한 투자자들이나 자신의 재무상황에 대해 보다 큰 보안성과 통제력을 원하는 계층들로부터 호응을 얻고 있다.

하지만 디지털 투자 관련 서비스에 관심을 보이는 것은 밀레니엄 세대나 그보다 더 젊은 세대들만이 아니다. 최근의 이트레이드 스트릿와이즈E*Trade Streetwise의 연구 결과를 보면 25~34세, 35~55세와 55세 이상 금융소비자들 전 그룹에서 로보어드바이저 혹은 개개인에 맞는 재무적 조언과 결합된 디지털 서비스에 대한 선호가 존재한다는 사실을 알 수 있다. 기존의 전통적인 금융사업자들 또한 이를 간파하고, 본격적으로 로보어드바이저와의 경쟁에 뛰어든 상황이다. 온라인 브로커들에게 로보어드바이저는 사실 이미 폭넓게 활용되고 있는 온라인 서비스다. 주식 중개업자들은 1990년대 후반의 첫 번째 닷컴붐때에 업무 방식에 있어 거대한 변혁을 겪었고 대부분이 온라인 기반의 중개업자가 되었다.

더욱 흥미를 끄는 것은 로보어드바이저에 대한 관심 수준이 매우 전통적인 금융기관인 보험사, 에셋 매니저Asset manager(우리말로 하면 펀드매니저에 가까움)층에서도 높게 나타난다는 점이다. 이들 회사들은 매우 적극적으로 로봇 기반 기술을 새로 만들고 해당 회사와 제휴를 하기 위한 움직임을 전개 중이다. 세계 최대 자산운용사인 블랙록Black Rock은 로보어드바이저 업체인 퓨처어드바이저Future Adviser를 인수하였고 뱅가드Vanguard 또한 자체적으로 퍼스널 어드바이저 서비스Personal Adviser Services를 개시하였다.

로보어드바이저와의 경쟁은 기존 금융기관 입장에서는 필연적이기는 하지만 매우 복잡한 셈법이 동반되어야만 하는 상황이다. 디지털에 기반한 낮은 비용과 각종 혁신은 거부할 수 없는 흐름이다. 여기서 기존 금융사들의 고민은 '과연 이러한 새로운 기술과 서비스가 현재 자신들의 사업에 어떤 영향을 미칠 것인가'이다. 거대한 운용자산을 보유한 회사들 입장에서는 본인들의 기존 관리 수수료 부문과 마찰이 불가피하다는 점이 고민이다. 만일 이들이 지금과 동일한 자산규모에 대해 낮은 수수료를 부과하는 로보어드바이저 모델을 채택한다면 보수 규모를 유지하기 위해 더 큰 규모의 고객 자산을 운용자산으로 끌어와야만 하는 동시에 로보어드바이저의 자동 재무 계획 수립 및 디지털 서비스를 지원하기 위한 신기술에 투자해야만 한다.

이러한 전개 과정에서 수익성을 유지하기 위해서는 불가피하게 현재의 재무 상담, 영업 인력의 인원 감축을 통한 비용 절감이 필수적이다. 그러나 더 복잡한 문제는 상담 인력이 제공하는 자문 서비스와 로보어드바이저 서비스를 병행하는 하이브리드 방식을 운영하는 데에 있다. 이때는 계층을 나눈 어카운트 서비스와 다양한 수준의 수수료를 부과하는 것이 바람직할 것이다.

자산관리 서비스 금융기관 입장에서 로보어드바이저 서비스를 고객에게 제공하는 것은 기회에 영리하게 반응하는 전략이다. 이들 자산관리 서비스 금융사들의 가장 큰 걱정은 기존에 수수료 수입의 대부분을 '침묵의 세대(큰 불평불만 없이, 매우 수동적으로 서비스를 취함)'와 '베이비 부머'들에게 크게 의존한 상황에서 부의 세대 간 이전으로 인해 자산이 빠져나가버리는 것이다.

현재 부의 대부분을 소유하고 있는 세대들은 고금리 시대 동안 높은 수익률과 전통적인 서비스의 수혜자였지만, 이제는 상황 자체가 완전히 바뀌었다. 금융기관들은 매우 슬기롭게 새로운 조류를 활용해야 한다. 그러기 위해서는 디지털 기술이 너무 앞서가서도 안 되고, 젊은 고객들에게 시대에 뒤쳐진다는 인상을 주어서도 안 된다. 로보어드바이저 서비스는 지금의 젊은 세대들이 앞의 세대로부터 자산을 상속받을 때 자산이 이탈하지 않도록 해주는 훌륭한 방어수단이다. 한편으로는 다른 어카운트와는 독립된 형태로 브랜딩이 되어야 할지 모른다.

그러나 일부 매우 전통적인 자산가들에게 로보어드바이저는 영원히 환영받지 못할 수도 있다. 이 경우에는 기술과 디지털 서비스가 현재의 인적 역량을 극대화해 생산성을 높이고, 남는 시간을 고객에 보다 맞춤화된 서비스 전략을 고민하고 실행하는 데 활용될 수 있을 것이다.

펀드매니저를 보좌하는 영리한 인공지능 비서

인공지능은 알파고와 이세돌의 대결 후 전 국민에게 알려졌다. 현재 자산운용업계는 인공지능의 시대 조류에 크게 취약하다. 업계는 이제 새로운 트렌드를 온몸으로 받아들이되 로봇에 의해 대체되는 것은 염려하지 않아도 된다. '빅데이터를 통해 가치를 끌어낼 역량이 있는가'가 향후 펀드매니저들의 경쟁력을 가르는 핵심이 될 것임이 확실해지면서 인공지능과 머신러닝의 응용 폭이 커지고 있다.

지난 20~30여 년간 컴퓨터 처리능력과 데이터 저장능력의 기하급수적인 발전으로 우리는 인간이 가진 능력 그 이상을 해내는 인공지능의 부상을 목격하였다. 우리가 접하는 인공지능 기술의 최첨단에 '머신러닝'이라는 접근법이 있다. 보험사와 투자은행은 이미 사고보상 처리와 계약 검토 등을 자동화하는 데 머신러닝 기반의 체계를 활용하고 있다. 자산운용 업계 또한 예외가 될 수 없을 것이다. 인공지능 비서는 대안이나 현재 투자의사결정이 갖는 상충된 결과들을 사전에 검토하는 방식으로 펀드매니저가 최종적인 방책을 결정하는 것을 지원할 수 있는 것이다. 인공지능이 아니라면 전통적인 금융업계는 쏟아져 들어오는 실시간 데이터에 적절히 대응하는 데 큰 애를 먹게 될 것이다.

머신러닝을 활용한 분석은 전통적인 재무적 모델링보다 더 우수한데, 그 이유는 활용할 수 있는 데이터가 방대하기 때문이다. 원래부터 존재했던 수백만 가지의 기업 홍보 기사, 기관투자자와 기업 간의 간담회 자료, 매년 생산되는 회계감사 보고서뿐 아니라, 기술과 소셜 미디어가 만들어내는 비정형화된 텍스트로 이루어진 데이터까지 머신러닝은 분석이 가능하다.

패시브 투자마켓 지수 추종와 일괄적인 수수료가 아닌 성과에 기반한 보수 지급 등의 조류가 거센 상황에서 많은 펀드매니저들이 핀테크 관련 기술을 활용하고 있다. 이를 통해 운영 비용을 줄이고 규제 당국의 점점 더 거세지는 투명성 요구에 부응하고 있다.

잘나가는 펀드매니저들이 깨닫는 바는 분명하다. 고도화된 분석과 머신러닝 역량에 투자하는 것은 매우 좋은 사업적 기회라는 것이다. 채권투자의 호황이 이제 막을 내려감에 따라 펀드매니저들은 새로운 투자 전략을 구사해야 하고, 차세대 투자 체계에 필요한 운영 기반을 잡아야만 한다. 펀드매니저들은 예측적 분석법을 통해 투자 아이디어를 만들거나 혹은 가치 하락 위험에 처한 자산에 관한 조기 경보를 만들어 내고 있다. 인공지능을 통해 강화된 데이터 분석 기법은 통찰력을 제공하고, 전통적인 재무분석을 보완할 수 있는 것이다.

메릴린치Merrill Lynch는 기존의 애널리스트가 놓쳤을 수 있는 소규모 기업의 가치를 파악하는 데 인공지능 기반 주식 선별 기능을 사용하는 것을 실험 중에 있다. 블랙록Black Rock은 각종 수치 분석에만 머물지 않고 머신러닝을 활용해 소셜미디어와 웹상의 다양한 비정형 정보를 종합 및 분석하고 있다.

하지만 많은 펀드매니저들이 머신러닝에 기반한 로보어드바이저의 감독하에 투자 포트폴리오와 펀드 운영을 맡기는 것에 적지 않은 거부감을 갖고 있다. 미국의 와튼스쿨과 시카고 대학의 공동연구에 따르면, 소위 '알고리즘 거부'와 관련된 행동이 왜 나타나는지에 대해 다음과 같은 설명을 하고 있다.

보통 사람들은 머신러닝의 의사결정이 사람의 직감과 같은 논리적이지 않은 추정보다 일관되게 더 나은 결과를 가져오는 상황에서도 머신러닝 사용을 삼간다고 한다. 이는 현재 머신러닝 알고리즘이 만들어내는 의사결정이나 질문에 대한 답이 불분명해 보이고, 결과에 대한 똑 부러진 설명이 없기 때문이다. 결국 이런 점이 펀드매니저들이 머신러닝을 신뢰하기 어렵게 만든다. 기계가 답을 내기는 하는데 답의 논리가 기존의 사고방식으로는 잘 납득이 안 되는 것이다.

재밌는 것은 앞으로 이러한 갈등은 머신러닝이 진화할수록 더 심해질 것이라는 점이다. '높은 수익을 가져오는 답을 신뢰할 것인가', 아니면 '인간의 전통적인 사고구조하에서 해석이 가능한 답을 신뢰할 것인가'의 갈등이다. 이러한 갈등을 잘 극복할 수 있는 현명한 펀드매니저들만이 머신러닝의 혜택을 가장 많이 누리게 될 것이다. 그러려면 본인들이 적극적으로 알고리즘의 설계자가 되어야만 한다. 인공지능이 미래를 '예측'하는데 몰두한다면, 펀드매니저는 미래를 '상상'하고 있어야 한다.

한국의 로보어드바이저 서비스 어디까지 왔나?

기관이나 개인소비자가 투자하는 펀드 상품을 만드는 곳이 자산운용사이다. 소비자들 눈앞에 보이는 증권사와 은행은 이들 상품을 파는 창구 역할을 하는 곳이며, 이에 따라 판매 수수료를 받아간다. 바로 이 자산운용업계는 주식과 같은 위험자산 투자에 있어 열쇠를 쥐고 있는 곳이고, 이곳에서 많은 펀드매니저들이 일을 하고 있다. 최근 국내 자산운용업계의 1세대 유명 펀드매니저라고 할 수 있는 강방천 에셋플러스 자산운용 회장이 의미심장한 발표를 했다. "로봇이 운용하는 펀드를 내놓을 예정으로 성과가 나지 않으면 투자자에게 단 한 푼의 보수도 받지 않겠다"고 선언했다. 자산운용사가 가져가는 성과와 관계없이 투자액의 일정 금액을 관리 서비스 명목으로 부과하는 기본 보수와 성과 보수 중 기본 보수는 아예 받지 않겠다는 이야기다.

2015년 연말부터, 국내에는 핀테크 업체가 주도하는 로봇펀드들이 국내 증권사들과 손잡고 소비자들에게 다가가기 시작했지만, 딱히 예상만큼의 많은 호응을 끌어내지는 못하던 차에 나온 이야기라 저자도 귀가 솔깃할 수밖에 없었다. 그는 펀드 출시 계획을 알리며 "빅데이터 저장용량과 처리 속도 개선으로 이제 인간의 주관적 판단에 의존하지 않고 객관적 데이터 분석에 의한 투자가 가능하게 되었다"라고 하였다.

어찌 보면 그동안 사람이 관리하는 펀드의 한계를 대한민국 자산운용업계의 살아있는 전설이 인정한 것이다. 이 펀드는 펀드에 담길 주식 비중, 업종 비중, 종목별 비중 등을 컴퓨터가 미리 짜놓은 알고리즘에 의해 결정 및 실행하게 된다. 그가 밝힌 로보어드바이저 펀드의 성공 요소는 크게 두 가지에 의해 좌우된다.

첫째, 얼마나 순도 높은 데이터를 가지고 있는가. 둘째, 펀드매니저의 차별화된 경험이 알고리즘에 의해 잘 구현되는가. 과연 한국의 우수한 펀드매니저들이 가진 노하우와 안목이 얼마나 알고리즘에 녹아들 수 있을지가 관건이다. 펀드매니저들 입장에서는 고민스러울 것이다. 본인들의 노하우를 그 누구나 사용할 수 있도록 기계 앞에 솔직히 공개해야 하기 때문이다.

미국 기관투자 환경에서 무섭게 뿌리내리고 있는 로보어드바이저

헤지펀드는 소수 거액자산가들의 돈을 맡아 주식시장 호불황에 관계없이 매우 독특한 투자전략에 기반해 절대적인 수준의 수익을 추구하는 전문가 서비스라고 보면 된다. 헤지펀드는 다양한 정량적 분석과 모델링, 통계학적 추론에 기반한 미래 예측을 기반으로 투자를 실행한다.

실제 이런 헤지펀드에는 금융 지식은 약하지만, 알고리즘을 짜는 데 도가 튼 엔지니어들이 채용되어 매우 독특한 헤지펀드용 로보어드바이저를 만들고 있다. 이들의 몸값은 천정부지로 올라가고 있다. 마이크로소프트의 검색엔진인 빙Bin 개발과 운영에 참여하고, 검색 사이트 내에서 음란물이 걸러지도록 하는 엔진을 개발한 한 소프트웨어 엔지니어는 미국의 한 헤지펀드로부터 자체 헤지펀드 개발을 위해 첫해 연봉 70만 달러에 계약되었다고 한다.

월스트리트는 전 세계에서 기관투자 분야의 가장 뛰어난 금융전문가들이 모여 쩐의 전쟁을 치르는 곳이다. 이곳에서 이미 로보어드바이저는 빠르게 뿌리내리고 있다. 펀드매니저의 안목이나 경험이 아닌 정량적 분석 및 예측 알고리즘에 기반한 헤지펀드를 '퀀트헤지펀드Quant Hedge fund'라고 칭한다면 전체 주식거래에서 이들의 비중은 빠르게 증가하고 있다. 헤지펀드Hedge fund로의 투자금 유입은 보통 성과에 따라 순증, 순감을 주기적으로 반복하지만 최근 들어 퀀트Quant 기반의 펀드에는 계속 한 방향의 꾸준한 투자금 유입이 지속되고 있다.

사실 투자대상을 선정하는 데 있어, 2016년 한 해 기계가 인간을 이겼다. 〈월스트리트저널〉에 따르면, 퀀트 기반의 헤지펀드의 연수익률이 5.2%로 전체 헤지펀드 평균수익률인 4.1%를 앞질렀다.

인간보다 기계가 신뢰를 쌓아가는 현상 이면에는 몇 가지 구조적인 요인들이 있다. 우선, 전문 기관투자자들 그리고 어드바이저들이 일반인은 모르는 차별적인 정보를 얻기가 점점 더 어려워지고 있다. 기업 내부정보를 주식 투자에 활용하는 것은 엄격히 금지되어 있고 여러 측면에서 임원들이 부적절한 모임을 갖는 것에 대한 규제가 강화되고 있다. 그러니 정보력으로 승부를 볼 수 있는 여지가 점점 줄어들고 있는 것이다.

남은 것은 분석과 예측력인데 이 또한 전문가들이 일반 대중들에게 도전받고 있다. 구글이나 여타 글로벌 검색엔진을 통해 다양한 정보를 비용 없이 확보할 수 있다. 이것이 대중들이 많은 정보를 가지고 합리적으로 판단할 수 있음을 뜻하는 것은 아니지만 정보의 소유

자체만 가지고는 전문가라고 말하기가 힘들어졌다.

또한 분석과 예측을 인간이 해내기에는 투자 변수들이 많아 가치 있는 성과를 내기 어려운 지경이 되었다. 인간이 할 수 있는 일은 이제 컴퓨터가 문제를 풀도록 공식을 작성하는 것이다. 즉 설계자의 역할에 충실히 임하는 것이고, 주기적으로 컴퓨터가 시킨 대로 문제를 잘 푸는지를 채점하고 다시 공식을 점검하는 것이다. 하지만 어쩌면 그 역할은 앞으로 더 축소될 가능성이 있다. 바로 머신러닝 때문이다.

진정한 로봇 펀드매니저의 시대는 언제쯤 올까?

이세돌 9단이 알파고를 한 차례 이겼을 때 인간들은 환호했지만 알파고는 아무런 감정의 동요 없이 다시는 같은 실수를 저지르지 않도록 근본적으로 자신의 알고리즘을 수정하고 있었을 것이다. 그 결과인지 알파고는 그 이후에 누구에게도 지지 않고 있다. 머신러닝, 기계가 스스로 학습한다니 이것을 떠올리는 순간 영화 〈터미네이터〉에서 인공지능 기계가 핵전쟁을 일으키는 영상이 떠올랐다. 이제 보수나 자문비가 높은 인간 펀드매니저나 프라이빗 뱅커가 아닌 슈퍼컴퓨터와 소프트웨어 엔지니어를 고용해서 강력한 알고리즘을 만들고, 기계가 스스로 학습하는 투자 무기를 갖는다면 돈을 버는 것이 더욱 쉬워질 것이다.

금융업계에서 '돈을 벌고 싶으면 사람과 관계에 투자해야 한다'라는 말이 있다. 이는 이제 틀린 말이 될지도 모르겠다. 기계에 투자하는 시대가 왔기 때문이다. 사람과 관계에 투자하는 것은 참 아름다운 이야기이지만 사실 아무리 계약관계를 철저히 해도 사람 간의 이해관계는 쉽사리 일치하지 않는다. 그렇기에 사람의 능력과 마음을 의심할 수밖에 없다. 원래 동업을 하든 같이 투자를 하든 실패할 때는 별 탈 없지만 성공하면 항상 탈이 난다는 이야기가 있지 않은가? 기계를 믿는다는 것, 그것은 어찌 보면 기계의 능력뿐 아니라 기계의 한결같은 마음을 믿는 것일지도 모른다.

그럼, 이제 투자에 있어서의 머신러닝에 대해 알아보자. 머신러닝은 일종의 투자 알고리즘의 고도화된 단계를 뜻한다. 컴퓨터가 최초의 공식에 따라 주변 정보를 분석, 예측해 투자를 실행한 후 그 결과를 통해 더 나은 투자 성과를 내기 위해 스스로 공식을 수정해 나가는 단계라고 보면 된다. 사실 좀 무섭지만 이제 더 이상 인간은 컴퓨터에 의한 투자를 위해 '공식' 조차 작성할 필요가 없어졌다. 머신러닝이 로보어드바이저에 본격 적용되면 투자 알고리즘 작성 시 필요한 인력들을 축소할 수 있다. 매우 빠른 간격으로 정보를 조합해 가상의 투자 결과를 시뮬레이션 해보면서 가장 합리적인 투자전략을 만들어 내는 방식이니 '어떤 변수'가 좋을지, 혹은 '어떻게 조합해 분석할지' 등을 사람이 머리를 쥐어짜면서 대입하고, 결과를 가지고 토론하면서 보내는 시간이 무의미해질지 모른다.

하지만 머신러닝이 도입되어도 인간 전문가는 다 사라지지 않을 것이다. 머신러닝이 만든 투자 로직을 쉽게 이해하기가 어렵기 때문이다. 돈을 투자한 사람에게 어떤 로직으로 투자가 이행되었는지 설명이 필요하다. 사실 투자가 매우 잘되면 이런 설명조차 사람들은 원하기 않겠지만 투자 성과가 저조하면 투자자들은 물어볼 것이고 인간은 기계를 대신해 설명하기 위해 진땀을 흘려야 할 것이다. 결코 쉽지 않은 기계의 뒤치다꺼리를 하고 있을 수도 있다.

아울러 기계가 실수를 했다면 이는 누가 책임을 져야 하는가? 자율주행자동차의 시대가 오면 만약 교통사고가 났을 때의 책임 주체에 대한 논란과 같은 맥락이다. 기계를 원망한들 돌아오는 대답은 없을 것이고 기계는 실패를 거울로 삼아 다음의 투자 전략을 공고하게 만드는 데 매진할 것이다. 이래저래 머신러닝 로보어드바이저 시대의 인간 금융 전문가의 일은 매우 도전적으로 들린다.

로보어드바이저 – 인간의 어떤 면을 채워주기 위해 등장했나?

위와 같은 질문에 답하기 위해서는 우리는 재테크 투자를 결정할 때 범하는 대표적인 실수를 떠올려볼 필요가 있다. 바로 합리적으로 이익을 추구하지만 감정 때문에 범할 수밖에 없는 오류 말이다.

금융 학문 중에 최근 각광받고 있는 한 분야는 행동 금융학Behavioral finance이다. 기존 이론서를 보면 이 세상 그리고 경제 주체들은 모두 매우 합리적으로 의사결정하고 행동하며 자신의 부富를 극대화한다고 가정한다. 그런데 실상이 그렇지 못하다는 것은 우리 스스로가 너무 잘 안다. 감정의 기복 그리고 심리적인 요인들이 우리 의사결정에 영향을 주며 매우 예측 불가능하고 비이성적인 방식으로 우리의 행동을 유도한다. 바로 행동 금융학은 인간이 왜 비이성적인 투자 의사결정을 하는지에 관해 전통적인 경제 및 금융학 이론에 더해 행동심리학, 인지심리학의 이론으로 설명을 시도하는 학문이다. 그러니 기계가 잡아줬으면 하는 인간의 투자 의사결정 오류가 무엇인지를 들여다본다고 생각하면 재미있을 것이다.

그럼, 인간은 어떤 투자 결정 오류를 저지르는가? 아래는 미국의 〈워싱턴포스트지〉에 연재된 바 있는 '인간이기에 겪는 투자 오류들' 내용이다. 스스로 아래 10가지 오류 중 몇 개나 경험이 있는지 판단해보기 바란다.

1. 확증 편향Confirmation Bias

우리는 흔히 스스로 어떤 결론에 이르기 전에 매우 조심스럽게 관련 사실과 자료를 모으고 평가한다고 생각하고 싶어 한다. 실상은 그렇지 않으면서 말이다. 적절한 평가 절차 없이 우선 결론부터 정하는데, 이것이 바로 확증 편향이다. 믿고 싶은 것을 믿는 성향을 뜻한다. 결론을 내리고 나서 열심히 자료를 수집하지만 오로지 이미 내린 결론을 뒷받침할 수 있는 수치와 사실관계를 모아놓고 해석하려고 한다. 일련의 수집된 사실을 엮은 이야기들이 우리가 내린 결론과 맞아떨어지면 더할 나위 없이 좋은 것이다. 왜냐하면 물 흐르듯 흘러가는 이야기는 우리의 현실 인식에 매우 중요하기 때문이다. 다시 말해 미리 바라는 바를 정하고 자료를 수집했고 그러한 방향으로 자료들을 편집해 이야기를 만드니 이보다 더 좋을 수는 없는 것이다. 확증 편향은 결론을 뒷받침하지 못하는 사실이나 정보를 은연중에 무시하기 때문에 위험하다.

이러한 확증 편향은 여러 사람이 모인 상황에서 바라는 바가 동일할 때 매우 무서운 힘을 발휘해 일종의 최면을 건다. 5년을 주기로 찾아온다는 서울 아파트 분양의 열기는 종종 광풍이라고 묘사되는데 정부가 아무리 특단의 대책이라며 규제를 내놓아도 잘 식지 않는다. 모든 사람들이 한 방향만 바라보기 때문이다.

2. 낙관 편향 Optimism Bias

사람의 매우 주관적인 확신, 자신감이 객관성을 압도할 때 나타난다. 심리 및 통계적으로 볼 때, 우리가 99% 확신할 때 실제 그러한 일이 벌어지는 확률은 80% 정도라고 한다. 94%의 대학교수들은 본인들의 강습 역량 수준이 평균 이상이라고 믿으며, 80% 이상의 운전자들이 자신들의 운전 실력이 평균 이상이라고 자신한다고 한다. 고등학생들의 70% 이상이 자신들의 리더십 역량이 평균 이상이라고 하는 반면, 오직 2%만이 평균 이하의 리더십 역량을 자백한다고 한다. 정말 실망스러운 통계를 하나 공유하자면 고등학생 92%가 자신들이 좋은 성품을 가진 사람이라고 믿고, 79%는 자신이 평균적인 고교생 보다 훌륭한 인성을 가졌다고 믿지만 이 중 27%가 최근 1년간 가게에서 물건을 몰래 훔친 적이 있으며 60%는 심지어 시험 때 부정행위를 했다고 이야기했다. 이것은 인간이 얼마나 자기 기만적인 낙관주의에 빠진 주체인지 잘 보여준다.

벤처투자자들은 투자를 받는 회사들의 성공 혹은 실패 가능성에 대한 자신들의 예측에 굉장한 확신을 갖는 것으로 유명하다.

85~90%의 사람들은 미래의 날들이 보통 사람들보다는 자신들에게 더 즐겁고 덜 고통스러울 것이라고 예측한다고 한다. 낙관 편향은 어쩌면 근원적으로 '투자'라는 인간 행위를 가능하게 하는 심리적 행태다. 무엇이 잘 되리라 혹은 자신의 믿음이 좋은 것이든, 나쁜 것이든 실현되리라는 믿음이 아예 없다면 미래를 위해 현재의 소비를 줄이고, 자산을 늘리는 행위를 하기는 매우 어려울 것이다. 단 무엇이든, 과도하면 탈이 날 수 있다.

3. 손실 회피 성향Loss Aversion

인간들은 모든 손실을 회피하려는 성향이 강하다. 실증적으로 입증된 바에 따르면 '손실'에 직면했을 때의 충격은 무엇인가를 얻었을 때의 기쁨 대비 2배에서 2.5배가량 큰 감정을 일으킨다고 한다. 그러니, 100만 원을 잃었을 때 느끼는 상실감을 벌충하려면 200만 원 혹은 250만 원을 얻어야 할 만큼, 손실이 주는 상실감은 매우 크다.

그렇다면 손실 회피 성향은 우리에게 어떤 영향을 미치는가? 행동하기보다는 아무런 행동도 하지 않으려는 '복지부동伏地不動'을 야기한다. 대안을 찾기보다는 현상을 유지하려고 하는 것이다.

여기서 재밌는 것은 만일 우리가 수집한 자료를 분석한 후 이에 근거해 판단 혹은 행동하려 할 때 앞서 말한 2번의 낙관 편향 성향과 손실 회피 성향이 함께 나타난다는 것이다. 흔히 매우 거창하고 담대한 사업이나 투자 계획을 세워놓고 실제 실행은 매우 소극적으로 하는 행위로 나타나곤 한다. 적금을 제외한 그간의 투자 경험을 돌이켜보면 쉽게 이해가 갈 것이다.

4. 자기충족적 편향Self-Serving Bias

확증 편향 및 낙관 편향과 함께 우리를 자주 괴롭히는 것이 바로 자기충족적 편향이다. 이는 투자 의사결정에 있어서 우리 마음속에 매우 위험한 순환구조를 만들어낸다. 자기충족적 편향이란 세상에 일어난 잘 된 일은 모두 내가 잘한 덕이며, 잘못된 일은 내 잘못은 없고 남이 만들어 낸 것이라고 믿는 것이다. 그러니 내가 하고 있는 행동이나 사고방식은 계속 정당하고 합리적인 것일 수밖에 없고 나아가 언제나 결론에 빨리 도달하고, 자신의 믿음이 꼭 실현될 것이라는 사고에 빠져들게 된다.

5.계획 오류The Planning Fallacy

노벨상 수상자인 대니얼 카네만Daniel Kahneman의 저서 《생각에 관한 생각》에서는 계획 오류라는 개념이 등장한다. 이것은 우리가 낙관 편향과 자기충족적 편향을 갖고 있기 때문에 나타나는 현상이다.

대부분은 미래를 자신에 입맛에 맞게 형성해 나갈 수 있다고 스스로의 능력을 과대평가하고 역량을 과장해서 남에게 보여주길 원한다. 계획 오류는 우리가 미래에 할 행위에 소요되는 비용과 시간, 내포된 위험은 과소평가하면서 그로부터 얻는 이득은 과대평가하기 때문에 일어난다. 이러한 오류 때문에 많은 투자 프로젝트들이 예상하지 못한 손실 요인으로 실제 수익률은 기대에 못 미치는 것이다.

6. 선택 마비 현상Choice Paralysis

얼핏 생각하면 선택지가 많을수록 우리는 더 많은 이득을 볼 것이라 생각한다. 그러나 현실은 너무 많은 선택지들이 종종 정보 과잉 현상을 빚어 의사결정 자체가 이루어지지 못하는 경우가 많다.

예를 들어 미국의 퇴직연금 프로그램인 401(k)의 가입자 수가 줄어들고 있는 요인 중 하나는 401(k)를 통해 투자 가능한 펀드들의 수가 늘어나면서 벌어졌다는 의견이 많다. 우리는 너무나 많은 선택지 앞에 멍해진 채 의사결정 자체를 하지 못하는 것이다.

7. 군중심리Herding

우리 모두는 군중심리를 경험한 적이 있다. 재밌는 것은 개미들보다도 기관투자자들의 군중심리 현상이 훨씬 더 심하다는 것이다. 하나의 기관투자자가 행한 투자는 다른 기관들의 투자를 불러오는 경우가 많다. 심지어 시장의 출렁임에서 물러나서 항상 독특한 투자전략으로 절대 수익을 추구를 내세우는 헤지펀드 역시 같은 시기에 서로 같은 주식을 사는 경우가 많고 타사의 투자전략을 추종하는 사례가 빈번하다.

안타까운 이야기이지만 계모임에서 계주가 돈을 가지고 도망을 가거나 지역 연고나 동창회에서 벌어지는 투자사기 등이 모두 '모임'에 그 원인을 찾을 수 있다. 나와 유사한 성향의 사람이 하는 일은 믿을만한 것이라는 안일한 생각이 빚어내는 참사들이 주위에 빈번하다.

8. 분석보다는 스토리를 좋아하는 인간 성향

이야기(스토리)는 현실을 이해하는 데 매우 중요한 역할을 한다. 그렇지만 이야기가 항상 옳은 것은 아니다. 이는 어디까지나 인간의 지성과 정보처리능력 내에서 이해 가능한 것이 듣기 좋고 또 남에게 설명해주기가 좋다는 것을 뜻할 뿐, 이것이 이야기가 없는 분석 결과보다 더 우수하다는 것은 절대 아니다. 이 성향이야말로 인공지능 혹은 로보어드바이저가 확실히 인간의 오류를 극복했을 때 가치를 낼 수 있는 영역이라고 생각한다. 흔히 이야기는 우리에게 여러 가지 편리

함을 준다. 어떤 현상이나 개념을 쉽게 이해하게 만들고 또 다른 것에 적용하는 것을 도와준다. 우리는 근본적으로 숫자보다는 이야기를 중시한다. 심지어 이야기가 오히려 현상을 올바로 이해하는 것을 방해할 때도 말이다.

스토리 선호 성향이 확증 편향과 맞물리면 우리는 '이야기 오류'라는 것에 빠진다. 이는 우리가 이미 발생한 일들을 뒤돌아보며 나름대로의 패턴을 만들어 사건을 끼어 맞추고 그 원인까지 이야기로 엮어 내는 것을 말한다. 생각의 프레임만큼 현상을 해석하는 강력한 도구도 없지만 한 번 프레임이 갖춰지면 그 틀 내에서 이해되지 못하는 것들을 무시하게 된다. 결국 프레임에 담지 못하는 현상을 접할 때마다 오류를 불러일으킨다.

9. 최근 것이 옳다Recency Bias

가장 최근의 경험을 미래에 벌어질 상황을 예측하는 데 무한정으로 적용하는 오류다. 투자업계에서 너무나 유명한 블룸버그Bloomberg의 기관 투자전문가를 대상으로 하는 조사 결과는 그 좋은 예이다. 이 조사는 매주 기관 투자 전문가들에게 주식과 채권, 현금 간의 포트폴리오 최적 배분을 추천해달라는 내용이다. 과거 그 결과를 찾아보면 '주식'에 가장 많이 배분할 것을 추천한 포트폴리오가 있었던 시점은 2001년 초의 인터넷 버블의 정점 바로 직후에 나왔다. 반대로 주식 배분을 최소화하는 포트폴리오 추천이 나온 시점은 2008년 미국 금융위기의 저점 바로 직후였다. 가장 최근에 성과가 좋은 것이 앞으로도 좋을 것이라고 이야기하는 성향은 일반 개인이나 전문 투자집단이나 다르지 않은 것이다.

10. 절대 보이지 않는 오류 공간Bias blind-spot

마지막으로 어쩌면 가장 중요한 것은 우리는 앞서 이야기한 많은 오류들을 스스로 인식해서 고치지 못하고 반복한다는 점이다. 자정능력이 없어 스스로 겪는 오류를 보지 못하는 것이다.

한 번 생각해보자. 하루에 자신이 통상적으로 하는 실수 및 오해에 대해 과연 얼마나 되짚어보는가? 일기라도 적으면 모를까 실수는 무의식적으로 반복하기 쉽다. 인간은 일기장에서 조차 인정하기 싫은 실수에 대해 방어적이고, 감정적인 태도로 적곤 한다.

인공지능과 기계, 로보어드바이저에 기대할 수 있는 하나는 투자 행위에 있어 자신의 모델링과 투자 실행이 앞서 말한 인간이 겪는 전형적 오류에 빠지지는 않는지 주기적으로 점검하고, 빠르게 오류를 수정할 수 있다는 점이다. 나의 소중한 돈이 걸린 일이 아닌가. 나보다 냉철하고, 꼼꼼하며, 똑똑한 사람 혹은 기계에 맡기고 싶은 것은 당연하다.

인터넷전문은행 대격전

제 2라운드의 모습은?

이 책이 출간된 즈음에는, 이미 K뱅크나 카카오뱅크 모두 상당한 고객 기반을 확보한 상태일 것으로 예측된다. 적어도 어떤 상품과 서비스를 차별점으로 내세우는지 널리 인지되었을 것이라 생각하고 세부적인 설명을 하지는 않겠다. 분명히 시중은행보다 높은 예금 금리와 낮은 신용대출 금리를 무기로 계좌 수, 체크카드 발급 수를 늘리기 위해 경쟁하고 있으리라 생각한다. 이제는 앞으로의 경쟁 전개 양상을 조심스레 예측해보는 것이 더 의미가 있는 시점이다.

대한민국이 제~일 늦었다

점포 방문 없이 계좌 개설과 거래가 가능한 인터넷전문은행, K뱅크 및 카카오뱅크가 출범하면서 큰 화젯거리다. 출범 후 며칠 동안 연일 몇 시간 만에 수만 명이 몰려 계좌를 만들었다는 기사들이 줄을 이었고 소비자들이나 업계 관계자들 모두 그 파괴력을 실감할 수 있었다. 기존의 은행 거래에 대해 금리나 내점 방문 등에 불만을 가지고 있던 개인 소비자들이 잔뜩 벼르고 있었던 것 같다. 이들은 보다 큰 혜택과 편리함에 목말라서 인터넷전문은행이 제공하는 각종 대출, 예·적금 상품, 송금 서비스에 관심을 기울였다.

그런데 여기서 살짝 김빠지는 이야기를 하자면 대한민국은 인터넷전문은행 도입, 즉 기존 금융권의 IT기반 혁신에 있어 미국, 일본, 영국, 프랑스, 독일은 물론 중국에도 한참 뒤떨어져 있다. 미국의 ING 다이렉트, 일본의 소니뱅크, 라쿠텐뱅크, 독일의 피도르뱅크, 프랑스의 헬로뱅크, 중국의 알리바바 등 모두 우리보다 앞서 인터넷전문은행이 뿌리내렸다.

그렇다면, 우리나라는 왜 이렇게 늦었을까? K뱅크, 카카오뱅크, 그리고 제3, 4의 인터넷전문은행들이 소비자들에게 불어 넣어줄 희망을 이야기하기 전에 이 문제에 대해 고민해보는 것이 필요하다.

첫째, 은행 스스로 혁신에 실패하였다. 국내 금융권이 '관치금융, 철밥통' 등의 오욕의 세월을 지내온 것은 꽤 오래되었다. 한때, 산업 발전과 개인소비자들의 재산증식의 희망으로 칭송받았지만 언제부터인가 비효율과 보수성, 획일성 등 부정적 단어로 대변되기 시작했다. 이 과정에서 은행은 고객 편의를 제고하기 위해 편리성 강화에 나섰지만 진정한 상품과 서비스 혁신이 있었다고 보기 힘들다. 거듭 말하지만 은행은 보수적일 수밖에 없다. 그 이유로 여러 가지 규제하에서 잠시 맡아둔 돈을 잃지 않기 위한 운영 기조를 가지고 있는 것이 당연하다. 하지만 이것이 상품과 서비스 혁신을 게을리해도 됨을 뜻하지는 않는다.

둘째, 은행 스스로 혁신을 하지 못한 것 외에도 다른 산업자본이 혁신을 불러일으킬 수 있는 제도적 여건이 뒷받침되지 못했다. 일본의 라쿠텐뱅크는 서비스와 유통 그리고 IT기술이 융합된 사례다. 정글 안에 있는 사람들은 숲 전체의 갈래갈래 뻗은 길을 볼 수 없지만 정글 밖에서 내려다보는 비금융산업 입장에서는 길이 보였던 것이다.

이 시점에서 은산분리 혹은 금산분리 논쟁을 언급하지 않을 수 없다. 한마디로 시장 지배력이 있는 비금융·산업자본은 온 국민의 금고와 같은 은행업에 대해 지배적인 주주권리를 가질 수 없다고 못 박아 놓은 제도다. 삼성증권은 있어도 삼성은행이 없는 이유이기도 하다. 이 제도 자체의 철학은 전혀 잘못되지 않았다. 선진 자본주의 사회라는 미국에서도 항상 산업자본가가 금융가의 면모를 함께 가지고 있을 때 사업에 거품이 끼고 결국 사회적인 악영향을 미치는 경우가 많다. 특히 고위험·고수익을 추구하는 산업자본가의 본성은 우리가 흔히 IBInvestment Banking라고 불리는 투자은행의 특성과 유사하다. 서민들의 돈을 굴리는 상업은행과 투기적인 활동을 하는 투자은행 간에 장막을 친 미국의 규제 또한 은산분리, 금산분리의 정신과 다르지 않다. 동서고금을 막론하고 일반 산업은 말 그대로 개인의 야성적 충동과 재산 다툼의 세계인 반면 금융·은행업은 공공의 인프라, 즉 모든 사람들을 보호해야 하는 규제 장치의 필요성이 있는 영역으로 인식되고 있다.

그렇지만 그 어떠한 규제도 소비자 혹은 고객의 편의나 혜택을 장기간 희생시키면서 존속되기는 힘들다. IT기술이 접목되었을 때 더 이상 상사의 눈치를 보며 몰래 은행을 가는 번거로움이 없어질 수 있다면, 더 이상은 규제가 이를 가로막지 못하게 된다. 디지털 공간에 남긴 나의 소중한 흔적들을 기술이 뒷받침되어 분석, 해석할 수 있다면 그래서 돈을 빌려주는 사람에게 내가 얼마나 믿을 만한 사람인지를 보여줄 수 있다면 이 또한 규제의 존재 의미가 약해진다.

무엇보다 IT, 통신 기반의 산업자본에 대해서는 은산분리, 금산분리 규제가 완화되어야 한다. 은행이 갖는 공공성을 다른 차원에서 감시하는 것은 규제당국의 창의성에 기대를 걸어야 하는 부분이지, 원천적인 진입 봉쇄 정책으로 뒤탈을 없애겠다는 발상은 구시대적이고 획일적이다.

셋째, 조금은 복잡해 보이지만 은행업과 증권업이나 보험업 간의 장막이 있는 국내 금융 관련 제도 또한 원인이라고 생각한다. 우리나라는 은행 전업주의인 반면 유럽은 유니버설 뱅크 체제이다. 유니버설 뱅크 체제에서는 은행과 증권, 카드, 보험업 간에 경계가 없고 하나의 감독 체제로 운영되며 고객 또한 업종 간에 경계를 느끼지 않고 금융서비스를 소비한다. 미국은 은행 전업주의로 알려져 있지만 우리보다는 경계가 약하다. 특히 유럽의 인터넷전문은행은 단순한 계좌 개설, 송금뿐 아니라 디지털과 IT를 기반으로 한 각종 재무관리, 투자상품의 니즈 또한 상당 부분 수용했다는 점이다. 고객이나 서비스 제공 금융사 모두 그 시야가 넓으니 혁신의 필요성을 보는 영역도 다양하고, 변화 의지도 클 수밖에 없는 것이다.

과연 저비용의 고객 획득과 유지가 가능할까?
- 고정비용이 아닌 가변비용 통제의 싸움이 될 은행업

분명히 인터넷전문은행 출현을 시작으로 은행 업계 경쟁의 지형은 크게 흔들릴 것이다. 우리나라 시중 4대 은행 담당자들에게 물어보면 모두 자신 은행의 가입 고객 수는 대략 2,000만 명 정도라고 말한다. 은행 간에 자산규모는 차이가 있어도 가입 고객 수는 이 정도로 평준화되어 오랜 기간 정체해왔다. 이유는 똑같은 방식으로 경쟁하며 때로는 고객을 얻었다가 또 때로는 고객을 내주었기 때문이다. 하지만 이제는 다르다. 새로운 인터넷 지형에서 고객을 끌어들이는 경쟁자가 등장했으므로 경쟁의 양상도 변화할 것이다.

그런데 여기서 한 가지 생각해야 할 것이 있다. 기존의 오프라인 기반의 고객 획득과 유지가 매우 고비용이었다는 점은 누구나 동의할 것이다. 주로 고정비 면에서 그랬다. 그렇다면 과연 온라인에서의 고객 쟁탈전은 저비용일까? 필자는 전혀 그렇게 생각하지 않는다. 그 이유는 은행업은 인터넷전문은행을 필두로 이제 막 온라인 세상에 본격적으로 발을 들여놓았지만 이미 한국의 소비자들은 인터넷을 오랫동안 사용했기 때문이다. 인터넷에서의 고객 획득과 유지 비용은 결코 저렴하지 않다. 어떠한 구매 행위든 혹은 회원가입 행위이

든 쿠폰 기반의 혜택이 아니고서는 잘 움직이지 않는 사람들이 한국 인터넷 소비자들이다. 또한 수많은 인터넷 플랫폼에서 광고할 수 있는 지면이 늘어났지만 그럴수록 비용은 더 들고 적중률은 떨어지는 것이 인터넷 광고의 현실이다. 은행과 고객 간의 관계는 철저히 개인 대 개인의 영역에서 벗어나 아주 메마르고 냉정해질 것이다. 이에 따라 금리가 조금 낮거나 은행이 조금 멀어도 직원이 친절해서 은행을 바꾸지 않았던 예전과는 확연히 달라질 것이다.

기존에 은행은 항상 고정비와 전쟁을 벌여왔다. 지점의 폐쇄, 주기적인 희망퇴직 접수로 비용 통제에 관한 큰 의사결정을 통해 수익성을 지켜왔다. 하지만 이제는 다르다. 가속화될 온라인 경쟁에서는 '누가 고정비용이 아닌, 고객 획득과 유지와 같은 가변비용을 잘 통제하느냐'의 싸움이 될 것이다. 이에 관한 의사결정은 매우 연속적이고 실시간으로 이루어져야 한다. 인터넷 환경에서 은행이 더 기민한 조직이 되어야만 하는 이유다. 이 싸움에서 유리한 고지를 선점하는 가장 좋은 방법은 타 인터넷 사업자들에 대한 구조적인 협상력을 기르는 것이다. 고객 획득과 유지를 위한 비용을 분담할 때, 분담 비율은 결국 협상력에서 나올 것이다. 과연 인터넷 사업자와 인터넷전문은행 양쪽 중 '누가 더 간절하게 상대방의 고객이나 혜택을 원하는가'의 싸움이 되겠다.

조사에 따르면 일본의 인터넷전문은행이 흑자로 전환하는 데 평균 5.4년이 걸렸다고 한다. 일본보다 은산분리 규제가 더 강하며, 고객 획득·유지 비용이 더 높은 한국은 이보다 빨리 손익분기점에 도달할 수 있을까? 벌써부터 공격적인 프로모션으로 한껏 달아오른 손님 모시기 전쟁은 이미 고객을 그 방향으로 길들이고 있다는 점을 유념해야 한다.

또한 현재 큰 흥행에 성공한 것처럼 이야기하는 인터넷전문은행의 체크카드 발급자 수 중에 실제로 해당 계좌에 돈을 넣고 사용하는 사람은 몇 명이 될까? 은행 입장에서 깡통계좌, 즉 통장은 만들어졌지만 거래는 전혀 없는 계좌 만들어내기는 오프라인에서도 진행한 마케팅 기술이다. 과연 근본적으로 고객 획득의 방식이 바뀌긴 한 것일까? 많은 인터넷 플랫폼들이 프로모션을 통해 앱을 다운로드 시키고 회원가입에도 성공하지만 실제로 상당한 비율의 고객들이 프로모션의 맛만 보고 전혀 거래를 하지 않는다. 과연 인터넷전문은행은 다른 길을 갈 수 있을까?

빅데이터! 좀 더 가까이 다가올 것이다

앞으로 빅데이터 신용평가가 좀 더 구체적인 모습을 나타낼 것이다. 현재 한국에 있는 일부 핀테크 회사들이 금융권에 시범적으로 빅데이터 신용평가 모형을 공급 및 테스트하고 있다. 핀테크사로 유명한 데일리그룹은 '다빈치랩스'라는 빅데이터 신용평가 체계를 개발해 신한은행, AXA 보험 등에 제공 및 실험하고 있다. 실험 결과, 대출이 승인될 확률은 20% 이상 상승했지만 대출이 나간 후 부도가 날 확률은 3% 줄었다.

즉 은행의 손실은 오히려 줄어들었다. 미국의 핀테크사 제스트파이낸스ZestFinance가 신용분석에 사용하는 변수 규모는 무려 7만여 개에 이른다. 보통 은행들이 기껏해야 20개 정도의 변수를 사용하고, 실제로는 2~3개 정도의 변수만이 대출 여부를 좌우하고 나면 나머지 변수들은 그저 들러리 정도로 변별력이 없는 것들로 채워진 것이 현실이다. 제스트파이낸스가 사용하는 변수는 비정형정보들이 대부분이다. 신뢰할만한 사람들이 모인 동호회인지, SNS에서 평판은 어떠한지, 본인이 SNS에서 쓰는 글의 주제는 사회적으로 긍정적인 것들이 많은지 등 디지털 공간에서의 행동데이터를 기존의 전통적인 신용평가 점수 체계의 보조 지표를 사용해 신용을 보다 세밀히 평가한다는 특징이 있다.

현재 출범한 두 개의 인터넷전문은행이 갖춘 주주 구성의 면모를 보면 이러한 혁신의 방향성을 의심하기는 어렵다. K뱅크는 KT라는 통신 기업이 주도적 역할을 할 것이다. 수천만의 통신 서비스 가입자의 통신비 납부 혹은 연체 이력, KT의 자회사인 BC카드가 보유한 방대한 결제 정보 등은 돈을 빌리기 희망하는 사람들이 믿을만한 사람인지, 소비 여력은 좀 있는 사람인지에 관한 정보를 대출 심사에 활용 가능하다.

카카오뱅크는 강력한 메신저 플랫폼을 기반으로 한다. SNS의 여러 대화에서 유추할 수 있는 사람의 성향은 물론 이를 데이터로 활용해도 되는가에 대해서는 사용자의 명시적 동의를 필수로 진행될 것이다. 제스트파이낸스사가 이용한 SNS 데이터에 기반한 빅데이터 신용분석과 그 결과가 크게 다르지 않을 것이다.

하지만 의외의 복병은 규제에 있다. 우리나라 금융권은 4~5년을 주기로 대형 금융 보안 사고의 이력을 남겼다. 사고의 원인은 사실 대단한 수준의 해킹도 아니었고, 허술한 보안 체계상에서 장삿속으로 유출된 개인정보들이었다. 그러니 금융거래에 필수적인 개인정보가 기관과 기관을 넘나드는 움직임에 대해서 규제 당국은 민감한 반응을 보일 수밖에 없고 매우 엄격한 잣대로 규제해왔다. 이제 막 금융지주사 내의 개인 식별 정보들의 교환과 융합의 빗장이 풀린 상황이지만 아직도 서로 다른 종류의 산업 간의 개인 식별 정보의 융합이 어느 수준까지 가능한지에 대해서 업계 내와 규제 당국 간의 합의의 수준은 매우 낮다.

재테크 서비스의 대중화 시대가 왔다

앞으로 자산관리의 대중화, 자동화, 저비용화 시대가 도래할 것이다. 이는 앞의 내용에서 밝힌 로보어드바이저와도 맥이 통한다. 이번에는 은행이라는 고객 접점을 중심으로 이야기를 풀어보겠다.

우리나라에서 인터넷전문은행 이전에 벌써 인터넷 뱅킹, 모바일 뱅킹이 늘어나면서 은행지점들은 일찌감치 줄어들기 시작했다. 문제는 이러면서 각종 투자 상품, 재무관리 상품을 고객에게 권유할 수 있는 상담도 줄어들게 되었다는 것이다. 아직도 나이 든 사람들은 증권사 창구보다는 은행을 신뢰한다. 그러니 은행의 점포가 줄게 되면서 당연히 펀드 판매나 자산관리 서비스 또한 무점포화시대의 경쟁으로 엉겁결에 뛰어들게 된 것이다. 인터넷전문은행 때문에 유니버설 뱅킹의 시대가 빨리 올지도 모르겠다. 사실 인터넷전문은행의 모바일 플랫폼 내에서 로보어드바이저를 탑재하거나 챗봇을 활용한 실시간 재무 상담을 제공하는 것은 지금 기술 수준에서 그리 어려운 일도 아니다.

주목할 점은 은행이 기존에 누리던 높은 상품 판매 보수율이 빠르게 하락할 것이라는 것이다. 사실 모든 금융상품은 제조업과 같이 제조마진과 판매마진이 있고, 여기에 하나 더 추가하면 운용마진이란 것이 있다. 제조마진은 상품을 설계한 사람들의 인건비이고, 판매마진 혹은 보수는 열심히 금융상품을 권유한 은행 직원들의 인건비다. 운용마진은 노련한 펀드매니저가 상품을 운용하여 거둔 수익의 일부를 성과로 가져가는 것이다. 이 중 은행이 누리던 판매마진의 폭을 더 이상 예전 수준에 맞출 수 없어졌다. 이제는 사람이 아닌 기계가 상품을 권유할 것이기 때문이다. 그러니 자산관리는 자동화와 함께 비용이 줄어들 것이며 인터넷전문은행이라는 대중적인 플랫폼을 통해서 대다수의 은행거래자가 누리는 서비스로 보급될 것이다.

어쩌면 지금이야 예금, 대출금리, 송금 수수료, ATM 기기 수 등으로 인터넷전문은행이 경쟁하지만 향후에는 투자자들에게 돌아가는 자산수익률을 기준으로 성패가 갈릴지도 모른다. 인공지능, 머신러닝, 알고리즘 개발에 꾸준한 대규모의 투자를 하고 있는 업체를 주목해야 하는 이유다.

결국 앞으로 금융업은 규제가 울타리를 쳐준 운동장의 크기만 믿고 편하게 사업을 하는 것이 아니라, 어디에서건 성과로 소비자들에게 선택 혹은 외면받게 되는 입장이 될 것이다.

커머스와 은행이 만났다

앞으로 커머스인터넷 유통와 금융이 융합된 인터넷전문은행 모델이 등장할 것이다. 은행이라 불리지 않을 뿐 커머스 플랫폼 내에서 대출과 같은 은행 서비스로 수익을 올리는 아마존처럼 한국도 규모 있는 인터넷 커머스 플랫폼이 향후 금융업의 격전지가 될 것이다. 왜 그럴까?

커머스 플랫폼에 그동안 전통적인 금융권에서 쉽게 대출을 하지 못한 고객(소비자, 소상공인 사업자 등)들이 모여 있기 때문이다. 그냥 모여 있는 것이 아니라 일정한 유형으로 분류되어 있다. 예를 들면 돈이 많은 사람, 부자는 아니지만 매달 꼬박꼬박 소비하는 건실한 주부와 직장인들, 상호명 자체는 낯설지만 꾸준히 모바일 커머스에서 연 1억 원 이상 매출을 올리는 우수한 소상공인 등이 있다. 커머스 플랫폼에서의 거래 금액, 즉 오고가는 자금의 규모는 연 10% 이상 성장하고 있다. 우리나라에 현재 이러한 산업은 어디에도 없다.

여기서 커머스 사업자는 매우 중요한 역할을 담당하게 된다. 누가 좋은 고객인지, 누가 좋은 소상공인지를 검증해줄 수 있는 유일한 주체이기 때문이다. 커머스와 금융 양자를 놓고 보면 커머스 쪽으로 힘의 균형이 옮겨갈 날이 곧 올 것이라 믿는다. 바야흐로 커머스 금융의 시대가 올 것이며 금융소비자들은 커머스 플랫폼에 가입된 혜택으로 금융권으로부터 더 많은 혜택을 얻을 수 있을 것이다.

인터넷전문은행의 시대 100배 누리기

은행업의 지각변동을 염두에 두고 금융소비자들에게 몇 가지 제안하고자 한다.

첫째, 디지털 공간에서 예의바르고, 긍정적이며, 건전하게 행동해야 한다. 사실 이제 누가 보고 있을지 모르며 내가 흘린 흔적을 어디에 사용할지 모른다. 그러니 좀 서글프지만 실리를 위해 말과 행동의 자유는 조금 포기해야 될지도 모른다.

둘째, 투자와 소비에 있어 자기 자신에게만 의존하면 안 된다. 기계의 도움은 적극적으로 받아도 된다. 적금을 넣어야 하는 날짜가 다가오면 기계가 이를 알려주고, 일정한 소비 금액을 넘기면 기계로 하여금 자신을 다그치게 만들 수 있다. 자신의 느낌을 믿기보다는 로봇의 도움으로 보다 안전한 투자를 선택하는 것을 고려해보는 것도 좋겠다.

셋째, 전통 은행을 이용하면서 본인에게 부과되는 모든 서비스 이용료의 종류와 수준에 대해 끊임없이 의심해야 한다. 은행의 해외 송금 수수료는 벌써부터 된서리를 맞고 있다. 일부러 혁신을 지연하며 높은 차익을 얻어온 것이 아니냐는 비난이 거세다. 이만큼 금융서비스가 혁신해온 것도 대단하지만 아직 우리는 인터넷전문은행 시대의 초입에 있다. 소비자를 위한 끊임없는 혁신의 결과물을 높은 수익이나 낮은 비용 두 가지 중의 적어도 하나로 실현하는 사업자만 번성해야 한다. 그래야 혁신을 이룬 사업가가 정당한 이윤을 얻어가며 소비자 또한 최대의 혜택을 얻기 때문이다.

마지막으로, 서민들이 금융서비스를 이용하는 가장 큰 이유는 종잣돈을 마련하기 위해서다. 예금이나 적금과 같이 우리의 월급날과 주기를 같이 하는 금융 소비 행위를 중심으로 인터넷전문은행을 꾸준히 이용한다면, 일반 은행보다 더 빨리 종잣돈을 축적해나갈 수 있을 것이다. 상대적으로 투자상품을 다루는 자산관리의 영역의 혁신은 더디다. 이 부분은 신중히 좀 더 기다려보자.

4차산업혁명시대 직장인이 알아야 할 대체투자 기회와 위험

재테크 쇼크 2020

초판 1쇄 2017년 11월 15일

지은이 강정우
펴낸이 전호림
기획 권병규
책임편집 임경은
마케팅 황기철 김혜원 정혜윤

펴낸곳 매경출판㈜
등록 2003년 4월 24일(No. 2-3759)
주소 (04557) 서울시 중구 충무로 2 (필동1가) 매일경제 별관 2층 매경출판㈜
홈페이지 www.mkbook.co.kr **페이스북** facebook.com/maekyung1
전화 02)2000-2640(기획편집) 02)2000-2645(마케팅) 02)2000-2606(구입 문의)
팩스 02)2000-2609 **이메일** publish@mk.co.kr
인쇄 · 제본 ㈜M-print 031)8071-0961
ISBN 979-11-5542-757-6(03320)

책값은 뒤표지에 있습니다.
파본은 구입하신 서점에서 교환해 드립니다.

이 도서의 국립중앙도서관 출판예정도서목록(CIP)은 서지정보유통지원시스템 홈페이지(http://seoji.nl.go.kr)와 국가자료공동목록시스템(http://www.nl.go.kr/kolisnet)에서 이용하실 수 있습니다.
(CIP제어번호: CIP2017026865)